未来のためのあたたかい思考法

The human way of thinking for the future

小川和也

木楽舎
KIRAKUSHA

未来のためのあたたかい思考法

はじめに

過去に想像できなかった世界が目の前にある。

この先の未来は、想像の域をもっとはるかに超えていくだろう。みなさんにとっても人ごとではない。未来はものすごいスピードで過去になっていく。ここでいう未来は何百年も先の話ではない。数年から数十年後の世界だ。もしかすると、あなたの会社は数年後にはなくなっているかもしれないし、逆にあなたの趣味が巨万の富を築いているかもしれない。


未来はいったいどうなるのだろう。

いままであった仕事がなくなり、新種の職業がうまれる。

英語が話せなくても翻訳機が通訳してくれ、語学力はいらない。

オフィスや学校に出向く機会が減り、誰とも口をきかない日も当たり前。

自動運転車が道路を走り、街には無人店舗が立ち並ぶ。

一流シェフの腕を持つ調理ロボットがおいしい食事を振る舞う。

毎日のようにロボットと会話をし、恋愛関係に発展する人もいる。

職場では人工知能やロボットが幅をきかせるようになり、「人間の威厳とは何か」について同僚と議論する。

お金やモノの価値は揺れ動き、幸せの定義も曖昧になっていく……。

絵空事のような仮説が本当になる未来。

僕は起業家としてテクノロジーで社会課題を解決し、新しい市場の創造やイノベーションを起こすチャレンジをする一方で、著述や講演、ラジオ番組のナビゲーターという仕事を通じて多角的に人間や社会とテクノロジーの関係を論じている。大学で人工知能の研究を行い、事業として開発も行う。ナビゲーターとして出演しているJ-WAVEのラジオ番組では、未来をつくる鍵を探り、声で伝える活動もする。テクノロジーもさることながら、未来、そこで生きる人間に興味がある。

新しいチャレンジをする世界中の仲間と語り合い、実業と学術を行き来しながら、未来へと思考を巡らせる。テクノロジーはテクノロジー業界の中ではなく、政治、経済、宇宙、科学、文化、音楽、アート、脳、身体、スポーツなど、あらゆる分野との相関で考える。専門と俯瞰、思考と実践、横断的に動き回る。

実業、研究、論述。

一見ばらばらのような点は、僕にとってはつながっている。点は点とつながり面となり、さらに立体化する。千変万化な未来には、できるかぎり立体的な思考で向き合う必要があるから、点と点に境界を設けない。広域な視点だからこそ見える景色があり、未来もそこに現れる。

未来のテクノロジーは、既存を破壊し新たな世界をつくる威力を持つ。創造なき破壊、もしくは破壊につながる創造の主にテクノロジーがならぬように、人間がこの手で育てていかなければならない。その威力に押しつぶされ、人間にとって不本意な結果を招かないためにも、思考を未来仕様に切り替え始める時がきた。

未来といわれると仰々しく、いまから遠く切り離されたもので、人ごとのように感じてしまう。しかし、未来はいまの積み重ね、現在進行形である。そして、他ならぬあなたのものだ。あなたの思考を未来に近づけ、いまを未来とつなげるために、僕はこの本を書いた。思考を未来に近づけることで、未来への準備がいち早く進み、未来の可能性が広がる。いや、未来を待たずしていまのあなたがバージョンアップする。

仕事を失い時間を持て余したり、人工知能を前に人間の威厳について思い悩むことにならぬよう、新たな思考法が必要だ。とはいえ、思考そのものを押し付けるつもりはない。未来のための思考法は、あなたの個性に合ったオリジナルなものであるべきで、主体はあなたの思考だ。本書は、未来へ向かって歩むあなたの可能性を引き出すサプリメントのような存在でありたい。

本書における思考法の最大の特徴は、「あたたかさ」を伴うことだ。あたたかい思考法とは、あなた自身をあたためるための思考法であり、あなたがあたたかければ、他の誰かをあたためられる。思考にあたたかさをもたらすきっかけは、テクノロジーの超高度化であり、生命を持たず感情のない、つめたいテクノロジーが人間の思考にあたたかさを宿す。あたたかさは肉体を持つ人間特有の感覚であり、生物ではない人工知能にはあたたかい思考法は持てない。本書の中のひとつひとつのトピックから、あたたかい思考法につながるヒントを見つけてもらいたい。

あたたかい思考法が、あなたにとって望ましい未来へと導くことを願う。

未来のためのあたたかい思考法　目次

第02章 身体と未来の思考法

第03章 テクノロジーと未来の思考法 0117

第04章 社会と未来の思考法

あたたかい
思考法の
ヒントを探しにいこう。
あたたかい
未来を
つくるために。

第01章

――確実にやってくる、近未来の日常――

音波で睡眠の質を改善するヘッドセットをつけて寝るようになってから、朝の目覚めがよい。寝る直前までスマートフォンやVRゴーグルを手放せず、ブルーライトを浴びまくった影響で、睡眠障害に陥りがちである。テクノロジーが睡眠障害の原因をつくり、解決もするのだから皮肉なものだ。

朝食の時間にあわせて、栄養バランスを考慮した食事を冷蔵庫の食材でロボットが調理する。冷蔵庫には買い置きしておくものが記録されていて、不足すると自動的に注文をしてくれるので、冷蔵庫を開けて「醤油がきれてしまったか……」という事態もない。冷蔵庫内の食材はデータ化され、おすすめレシピを冷蔵庫が提案してくれるから、週に数回は趣味として料理をする。賞味期限間近の食材をおいしく食べるアイデアも豊富なので、うっかり無駄にして廃棄することもなくなった。

トイレを済ませると、尿を分析して健康状態を判断してくれる。トイレ内のモニターはホームドクターのような存在で、かかりつけの医師にもデータが共有されている。異常が見受けられるときは、病院から要検査の連絡が届く。いざ病院に行けば、多くの検査に人工知能が活用されている。

バーチャルオフィスにログインし、自分のアバターを会議室に入室させ、朝一番の会議に参加する。通勤通学という言葉はいつの間にか死語となった。月一回のリアルオフィス会議以外は自宅の部屋で仕事をしているが、バーチャルオフィスの自席に座っているアバターに同僚アバターがちょくちょく相談に来る。むしろバーチャルのほうが相談しやすいのか、頻度が増えた。会話はバーチャルオフィスの中ではあるが、VRのおかげで臨場感はあるし、休憩時間には雑談スペースで懇親も深められる。受け付け業務、営業事務、管理業務、データ収集・分析など、人工知能が担う業務が一気にひろがり、新しい市場を創造するための画期的なアイデアや、人工知能を効果的に活用する企画が人間の主な仕事となっている。かつてあった仕事も随分と減り、人工知能やロボット開発会社、自動運転車やドローンの交通システム研究所、貨幣以外の金融機関、自動化や生産性向上を推進するコンサルティング会社、3Dプリント系製造業などへ転職する人が最近目立つ。人間とテクノロジーの円滑な関係構築、人間の話し相手の専門家として活躍している友人もいる。

仕事も一息ついたところで、気分転換にスポーツジムへと向かう。働く時間は一日平均5

時間程度で、サイバー・セキュリティとプライバシー・コンサルタントの仕事を掛け持ちしている。移動の車は完全自動運転で、映画を観たり、仮眠をとっているうちに目的地へ運んでくれる。ジムにもＶＲが取り入れられ、ゲーム感覚でトレーニングができる。ｅスポーツ選手を目指す子供たちが増えている影響で、ｅスポーツのトレーニングエリアがどんどん拡張されている。

帰宅途中に寄ったイタリアンレストランチェーンは接客も調理もロボットだけど安定感があり、ＶＲによる演出でイタリアの名所（屋外）で食事をしている気分が味わえる。

食事を終えて帰宅し、ロボットと今日の仕事の振り返りや明日の予定について会話を交わす。会話のデータが蓄積されるにつれ、アドバイスの切れ味が鋭くなる。しかし、今日はどうも調子が悪そうなので、ロボットメーカーのメンテナンス部門へ問い合わせをする。緊急ということもあり、ほとんど使わなくなった電話を珍しく使う。電話の対応をするチャットボットは、大量の対応データをもとに磨き上げられているのでそつがない。厳しいクレームにも感情は乱れず、声も美しい。すぐにロボットメンテナンスの専門家が駆けつけてくれてひと安心。

お風呂は体温にあわせて適温に自動調整される。壁一面が32Ｋの映像で、世界中の景色を選べるから、毎日が絶景の露天風呂気分だ。ヘッドセットに加え、理想的な睡眠を支えてくれる多機能スマートベッドに身を委ね、眠りにつく。

未来は正確に予測できるものではない。でも、これくらいの近未来の1日を想定できるのは、いまのテクノロジーの延長線程度のことだからだ。いまとは非連続なイノベーションが起これば、想定をはるかに超える未来を生きることになるだろう。

テクノロジーというと、科学的知識を用いて開発された機械や道具、技術などを指すことが多く、近代的な印象を与えるが、特定の分野における知識の実用化が基本的概念であり、その起源は石器時代にすら遡ることができる。

石器時代のテクノロジーは、石器や火、狩猟による食料や被服の確保、生き抜くためのものであった。のちに農耕技術が芽生え、狩猟の放浪生活から定住生活への転換が見られるようになる。鉄器時代には青銅よりも強い鉄の農具や武器が利用されるようになり、農作物などを量産できるようになった。古代文明の時代にテクノロジーは大きく進化をし、紙、マッチ、吊り橋、方位磁石、人間の筋力に頼らない水車、手押し車、ダム、シャワーなど、人類の進化のあらわれのような道具がたくさん発明された。

14世紀にイタリアで始まり西欧に広まったルネサンスの時代には、羅針盤・火薬・活版印刷の三大発明が社会に影響を与えた（中国起源のものがルネサンス期のヨーロッパで改良され普及した）。

18世紀半ばから19世紀にかけてイギリスから起こった産業革命では、綿工業での手工業に替わる機械の発明（工場制生産へ）や蒸気機関の登場にともなう石炭の利用により、経済・社会の大変革へとつながった。大量生産が可能となり、近代資本主義経済が確立したのもこの時期である。19世紀にはトーマス・エジソンのような発明家が活躍し、電気機器が数多く生み出された。

19世紀後半の第二次産業革命では、化学、石油、鉄鋼などの分野で技術革新が進み、食料飲料や衣類の製造機械化により消費財の大量生産が加速、ラジオや映画のような娯楽も生まれた。蒸気を動力とした回転式印刷機が発明され、印刷技術の革新が知識の普及を促した。

20世紀に入ると通信・輸送技術が急速な進歩を遂げ、電化、自動車、航空機、コンピュータ、インターネット、医療工学、石油化学などの重要な技術開発が行われ、21世紀を迎える。

われわれが生きている今世紀初頭の進化はご存じのとおりだが、コンピュータが核になることで、革新の次元が変わりつつある。技術は指数関数的に成長し、携帯ひとつとっても70年代のスーパーコンピュータより数百万倍も安くて数千倍も速くなり、量子力学という原理をコンピューティングに用いることで別次元の情報処理能力を持つようになる。10歩かかった歩数が1歩で済むようになるというより、空を飛んで歩かなくなるような変化が至る場面で起こるのは、イノベーションの土台のレベルが著しく高くなり、その前提でなされる掛算が爆発的な進化を導くからだ。

劇的な環境変化に対応するために、人間の思考のバージョンアップが必要になってくる。もちろん、バージョンアップは義務づけられるものではない。ただ少なくとも、この本を手にとっていただいたあなたには、その意欲があると信じて書いている。

テクノロジーは合理性や効率に価値基準を置きがちで、人間をドライで冷たい思考に偏重させやすい。そして、進化が高速すぎるために思考からゆとりを奪う。

テクノロジーの成果と人間の心地よさを同時に最大化できるものを追い求めていて、その大役に相応しいのは「人間らしさ」であると考えるようになった。

人間らしさは、時代背景とともに変容するものであって、テクノロジー社会における人間らしさも一定しない。ただ、どのように変容しても、いかなる定義を与えられたとしても、「あたたかさ」が人間らしさにとっての絶対的要素であることは揺るぎない。

「あたたかい」を漢字にすると、「暖かい」「温かい」の2つの表記がある。この使い分けは難しいが、それぞれの反対語が判断材料になる。「暖」には「寒」、「温」には「冷」で、前者は身体全体で感じるもの、後者は身体の一部が何かに触れて感じるものという区分がされることが一般的だ。気温を「暖かい」と感じたり、物体に触れて「温かい」と感じる感覚を表し、心のありようにも使われる。「温和」「温情」という熟語や、「温かい人」「温かい心」「温かい雰囲気」「温かいおもてなし」のように、思いやりや愛情のような心のあたたかさを表現するときは「温かい」が当てはまる。

金銭が十分にあると経済的に豊かで身体全体があたたまるということで「懐が暖かい」、オレンジ色などは視覚から身体全体があたたまる印象を受けるので「暖かい色」と表現する。心を表すのは「温かい」が主であるが、経済的状態や視覚によって感じとったものを「暖かい」と書くことを踏まえれば、どちらも心（すなわち脳）の作用につながる。本書のトピックは、優しさ、情の深さ、思いやり、人間味などの「温かい」と、仮想通貨（経済状態）や仮想現実（視覚）に付随する「暖かい」の両側面があり、どちらの意も込めて「あたたかい」というひらがな表記にしている。

なぜか、人間の世界にはあたたかさや冷たさという感覚や概念が存在し、脳、身体、そして社会全体に影響を及ぼす。人工知能やロボットにとっては、あたたかい気持ちが寄せ集められてあたたかい社会になろうが、冷たい気持ちが寄せ集められて冷たい社会になろうが、どちらでもよい。感情を必然としないテクノロジーにおいては、実に無意味な存在である。

特定の思考が全員に汎用化されることは未来的ではない。多様性こそが未来であり、それぞれの生き心地をポジティブにする土壌となる。思考に汎用化はふさわしくないとしても、あたたかさはどんな思考にも寄り添える。

大げさなものでなくても、ほのかなあたたかさ、ちょっとした人間らしさが、未来を希望に変える。完璧ではないところ、生臭さも、あたたかさの源になる。派手なテクノロジー以上に、あたたかさが人間の思考に含まれることに、未来を感じる。

未来は待ち受けているものではなく、つくるものだ。予測するものではなく、意思である。「あたたかい思考法」が、未来、そして未来につながるいまの生き心地をよくしてくれる。テクノロジーと共存共栄するため、未来へ向かっていまを豊かに生きるためのあたたかい思考法のヒントを探しにいこう。

身体と未来の思考法

第02章

Vol.

001

身体性を取り戻す

周囲でマラソンやトライアスロンに挑戦する人が急増している。ひと昔前はアスリートにとってのものであり、一般市民には過酷で縁遠いものだった。誰かが42・195キロを完走したと聞けば驚いていたことが懐かしいくらい、いまや日常的な話題である。フルマラソンでは飽き足らず、数百キロもの超長距離のアドベンチャーレースに出場し、ワイルドな自然を競技しながら駆けめぐる猛者もいる。僕もジムでのトレーニングやトレイルランニングが生活の一部となったのは、身体が欲しているから。なぜ、身体をハードに動かすことを求めるようになったのか。健康回帰だけならば、もっと負荷の少ない運動で充分なのに。

心拍数が上がることなどの影響で、敵と戦ったり危機から逃げている認識と重なり、運動は脳のストレスになるという研究がある。一方で、運動によるストレスへの防御反応としてＢＤＮＦ（Brain-Derived Neurotrophic Factor）というタンパク質が分泌される。脳由来神経栄養因子と呼ばれるタンパク質の一種で、神経細胞の発生や成長、維持や再生を促し、脳の栄養となる。防御と回復の機能を持つＢＤＮＦが記憶を司るニューロンへ送られ、脳のリセットスイッチとなる。それにより気分がよくなり、頭の中もスッキリする。同時にストレスと戦うエンドルフィンという化学物質が分泌され、運動の不快感を最小化し、苦痛な気持ちを防いでくれる。むしろ、幸福感や高揚感を生み出すので、人間は運動をしたくなる。BDNFやエンドルフィンには、モルヒネやヘロイン、ニコチンに近い依存性があるといわれるから、運動にはまるのも納得だ。快感を得られるから、運動をする。それプラス、テクノロジー社会に生きる人間が身体を過剰に動かしたくなるのは、身体を占拠しようとする「電子的オーラ」に対する反射である。

起きた瞬間から寝る瞬間まで、インターネットの中を泳ぐ。身の回りのあらゆるモノをインターネットにつなげるIoTは、電子的オーラの総量を増やし、人間を包み込む。

24時間いつでもどこにいても、メッセージが受動的に届く。すぐに反応せねばならない気がしてしまう、テクノロジーによる新たな圧。対応力に優れた人間とはいえ、圧はストレス。インターネット上に露呈する

IoT

「物のインターネット」。Internet of Thingsの略。これまでインターネットに接続されていなかった家電や建物、車などが、ネットワークを通じてサーバーやクラウドサービスに接続され、相互に情報交換をする仕組み。

もめごと、暗黒面も、「テクノロジーが積み増したストレスをテクノロジーにぶつけ返しているのではないか」と感じることがある。

選手として参加した白馬の国際トレイルラン大会が豪雨に見舞われた。急斜面の山道は一瞬でも油断したら転倒するほどぬかるみ、天候の影響で低体温症の危険がある過酷なコンディション。次に足を置く場所を探すため、常に地面とにらめっこ。あちこち悲鳴をあげる身体と丁寧に会話をしながら走り抜く。白馬の山が眠っていた野性の勘を蘇らせ、身体が自然と同化していく。日頃埋もれていた人間の感覚、底力が躍動し、険しい山道を乗り越えてゴールへとひた走る。同じ環境を共有した選手に一体感が生まれ、「こういう仲間と仕事もしてみたい」という気持ちになる。選手同士のシンパシーは、野性の勘を持たぬ人工知能やロボットとは共有できない類いのもの。

茶道の侘び寂、質素で静かな世界に浸ったときに、あやふやになった身体性が呼び戻された体験もある。スマートフォンは持ち込み厳禁、閑寂の空間に自分が置かれて精神統一することで、バラバラになった身体と意識が合体する。苦手とする正座の痛みでさえ、不思議と心地よい。質素で不完全なものに美を見出す日本独特の感性が、きらびやかな電子的オーラをはぎとってくれる。

押し寄せる電子的オーラに身体はうずき、人間は自らの身体性を確かめたくなった。ちょっとした運動では飽き足りず、骨の髄まで感じたい。コミュニケーションの多くがデジタルを介するようになり、面と向かうものはデジタルだらけ。身体を動かさなくても済ませてくれる便利な道具や手段。使用頻度を減らされる人間の感覚。身体が「置き去りにするな！」と叫ぶ。はるか彼方に置き去りにされそうだから、大声で叫ぶ。ハッとして身体が反応する。反応が大きい人ほど、猛烈に身体を動かしながら急いで取りに戻る。

テクノロジーなき時代に戻る選択肢を人間が採択するとは思えないし、電子的オーラがこの世から消え去ることには現実味がない。であれば、電子が占拠する標的を人工知能やロボットに代わってもらうしかない。常時接続おかまいなし、24時間稼働もお安い御用。意気揚々と任務をこなし、生産性も抜群だ。奪う奪われるではなく、何を託して何を託さないのか。身体性を置き去りにしないために、人間の裁量を発揮する。

テクノロジーは、人間にとってのそもそも論を再考させる立て役者。身体という人間の礎を意識して生きる。電子的オーラを脱ぎ捨てて、身体性を取り戻す。

Vol.

002

脳を客観視する

「人工知能の開発は人類の終わりを意味するかもしれない」。イギリスの理論物理学者であるスティーブン・ホーキング博士は、生前、人類へそのような警告を発している。超高性能な人工知能を開発してしまうと、やがて自立し、加速度的に自らを再設計していく。人類は、ゆっくりと生物学的な進化をしているため、人工知能との競争に耐えられなくなる。そうこうしているうちに、人類の仕事、果たすべき役割を人工知能に取って代わられることになり、さらには自我を持った人工知能に人類が支配されかねない。アメリカのソフトウェア開発者で、ウェブ・ブラウザの発明家であるマーク・アンドリーセンも、「人間の心理には、自

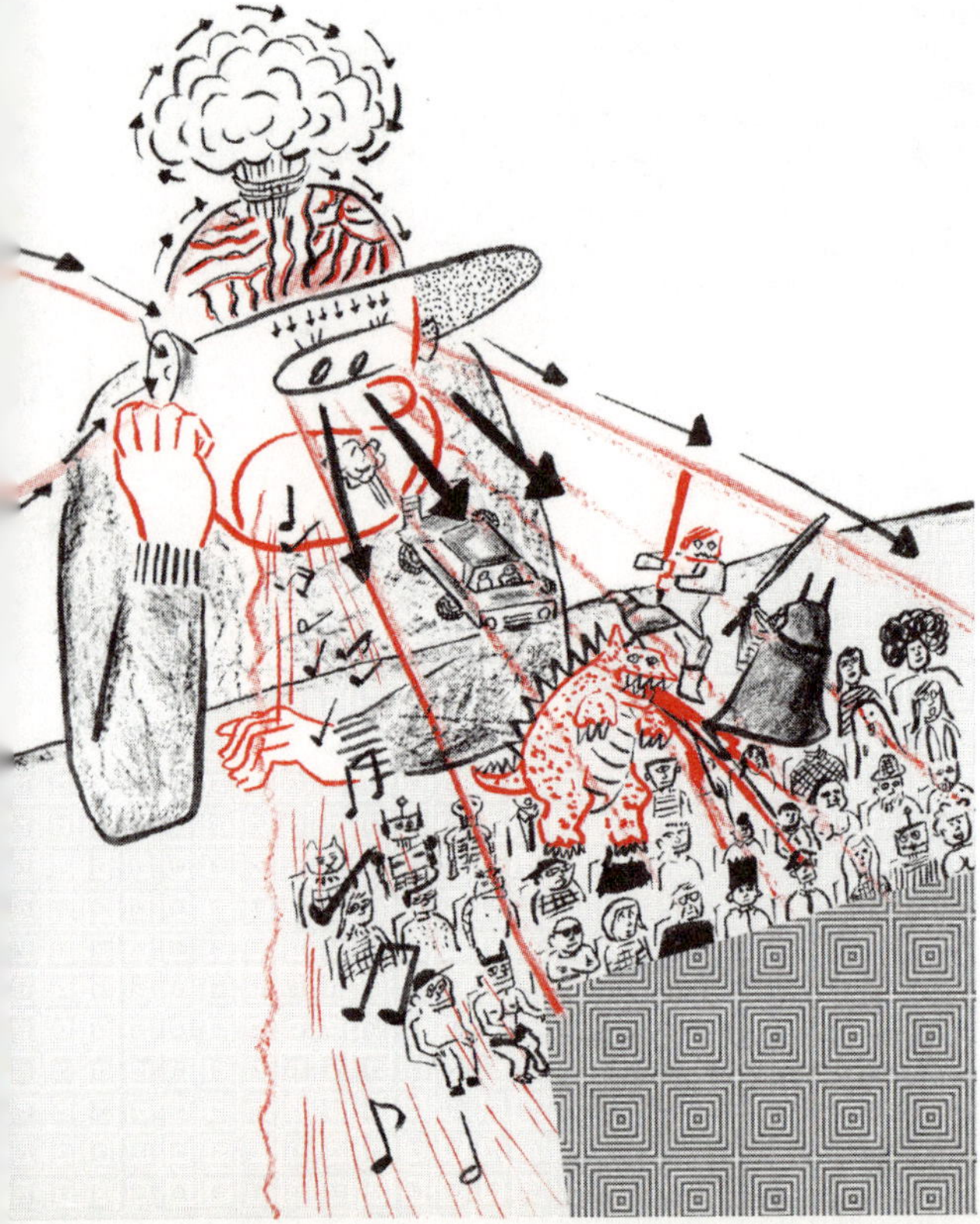

分たちを破滅させてしまうものを常に発明しようとする何かが深く根付いている」という言葉を残している。

世界の専門家の見解はそれぞれだ。人工知能が人類へ突きつける危機に同調する人類学者、大袈裟であると反論する哲学者。

いかなる論も、行く末にとってみれば現時点の仮説でしかない。確からしいのは、「未来は予測できるものではなく、つくるもの」ということだ。

臨床の現場から著作活動まで幅広く活躍している脳外科医の篠浦伸禎さんとは、「人間の脳と人工知能」に関する対話を定期的に行う。「左脳が、すべてを明確にしていく、つまりすべてのことに境界線をつくっていくとすれば、右脳は、いま目の前の空間にあるものとの境界線をなく

マーク・アンドリーセン
アメリカのプログラマー、実業家。イリノイ大学のNCSA在籍中に、画像と文章を合わせて表示できるようにしたWebブラウザ『モザイク』を数名のメンバーで開発。後に『ネットスケープナビゲーター』を開発した。

し、自分と一体化していく脳」だと篠浦さんは表現する。左脳と右脳の差異は厳密に証明されてはいないし、迷信だとする説も多い。篠浦さんは長年の臨床経験上、左右の脳の機能はあきらかに違うとし、「合理性だけを武器に、勝ち負けを優先する左脳過多の社会になると、自然破壊や争いごとのリスクが高まる」と危惧する。左脳を中心に鍛える知識偏重の教育に、人間の左脳機能に近い人工知能が加わると、未来をつくるための脳の集合体（人間＋人工知能）のバランスは悪くなる。「テクノロジーの急速な進歩に対して、主に右脳が関わる人間の心が既に追いつかなくなっている」と篠浦さんは指摘する。

人に対する真心や誠実さに影響する右脳を鍛え、左脳と融和させることの意義はどこにあるのか。人類が進歩するとは、次に続く世代が少なくとも前の世代より、個々人にとっての幸せを選択できる環境をつくること。強者だけが生き延びるのではなく、弱い人もそれぞれの能力を生かして楽しめる社会。ただやみくもに発展させ、便利な世の中にするだけではなく、調和と平和を大切にした持続可能な社会をつくる志。「公」

へ向かう志を持ち、「私」で自分を支配しないこと。すなわち、扁桃体などの脳の内側にある、感情を司る動物脳をコントロールして、自己の利益のためだけではなく、脳全体を人助けのような公の目的に使う。利己的な行動が社会の不利益になること、利他的な行動が社会の利益になること、利己的な行動でも社会の利益になること、利他的な行動でも社会の不利益になること。利己と利他、利益と不利益の相関はワンパターンではない。よかれと思ってやったことも、不本意ながら誰かの迷惑になってしまうこともある。だからこそ、「社会のためになるんだ」と気負わずに、「自分の脳へ栄養を与えよう」くらいの感覚でいい。

人工知能は人類の終わりの始まりになるのか。それは占うものではなく、われわれがどうすべきかの自問自答だ。自立し暴走する人工知能、それを生み出す人工知能。もとをただせば、すべての生みの親は他ならぬ人類である。幸いなことに、自らの脳を育て、コントロールする余地を与えられている。人工知能との未来づくりは、自らの脳を知るところから始まる。左脳と右脳の差異を含め、解明されていないところだらけの人間の脳。人工知能が人間の脳を超えると騒いだところで、未知なる人間の脳を人工知能はどうやって超えるのか。そもそも未知なるものを相手に、四つに組んで勝負する土俵には乗れない。脳の仕組みを学び、脳の影響を受ける人間を科学的に紐解くことで、人工知能を競合視する癖から抜け出す。大量のデータ処理スピードや正確性など、人間よりも得意な領域を区分し、人間がなすべきことを明らかにする。自分の脳についての認識があやふやだと、人工知能について過度な期待と恐怖が発生しやすい。人工知能をどのようなパートナーに育てるかを企てるために、まずは自分の脳を客観視する。

Vol.

003

シミュレーション仮説

この世はリアルかフェイクか。

人類が生活するこの世界がすべてシミュレーションによるつくりものだとしたら、天と地がひっくり返るどころではない。だが、「この世は技術的にとても進んだ文明によって、微に入り細にわたりつくられた豊かなシミュレーションソフトウェアだ」とするシミュレーション仮説は、哲学者のニック・ボストロムによって提唱されて以降、世界中の科学者たちによって熱心に研究されている。投資銀行メリルリンチまでもが、「我々の世界は20~50%の確率でシミュレーションソフトウェアである」と投資家向けのレポートで発表している。経済予測レポートとして、仮想現実（Virtual Reality）、拡張現実（Augmented Reality）分野の重要性を強調しているのだが、おおっぴらに冗談を言う性格でもない投資銀行が「未来の人類がどこかの時点で過去の人類、つまり現在の我々をシミュレーションする決断を下した可能性がある」と伝えたことは、衝撃を与えた。

シミュレーションの世界が生まれる理屈はこういうことだ。何らかの

ニック・ボストロム
オックスフォード大学マーティン・スクール哲学科教授。オックスフォード大学の人類の未来研究所所長、および戦略的人工知能研究センター所長。分析哲学の他に、物理学、計算論的神経科学、数理論理学の研究も行う。著書は『スーパーインテリジェンス 超絶AIと人類の命運』（日本経済新聞出版社）など多数。

文明によって、人工意識を備えた個体群を含むコンピュータシミュレーションが構築される可能性がある。そのような文明は、シミュレーションを多数実行できる。シミュレーション内のシミュレーションされた個体は、自らがシミュレーションの中にいると気づかずに、実世界であると認識しながら生活を送る。

もし現在の我々がコンピュータによるシミュレーションの世界に住んでいないとすれば、未来の人類は高度なシミュレーション装置をつくる技術に到達しないまま滅びてしまったのか、過去の人類をシミュレータに閉じ込めて操ろうとしなかったのか、いずれの可能性もあるとされる。シミュレーションの中で生きているならば、人類の滅亡が回避された可能性の証にもなる。

シミュレーションの世界をつくれるだけの性能を持ったコンピュータは宇宙中の材料を集めても足りないとする量子論学者の説など、否定が多いのは奇抜な説の宿命。シミュレーションの中で生きているか否かを証明する方法がない以上、仮説は仮説の域を超えることはない。

そうだとしても、地球の仮想現実技術が超高度化し、人間をシミュレーションの中に収めてしまう妄想くらいはしても罰は当たるまい。

近い将来、現実との見分けが困難な仮想現実空間がつくり出される。仮想現実を現実と認識して生きるようになったとすれば、「仮想現実は現実ではない」と一刀両断にはできない。脳とコンピュータを直結し、人間が脳で思考したことをコンピュータに伝えたり、コンピュータで処理した結果をそのまま人間の脳に伝えたりする技術を応用して、脳をコントロールできたとすればどうか。脳が判断して決めたことを、仮説だとか現実だとか区分けしても、脳は我関せず。シミュレーション仮説は仮説だとしても、仮想と現実の境界線が弱々しくなる未来において、「現実を再定義する」必要に迫られる。

Vol.

004

ダーク
マター

29歳で夭折した天才棋士、村山聖。幼少期から腎臓の難病を患いながら、プロ棋士として短い命を燃焼した。彼の生涯を描いたノンフィクション『聖の青春』は映画化されているが、最大のライバルであり憧れの人でもあった棋士の羽生善治と語らうシーンが印象深い。将棋を深い海に潜る行為にたとえ、そこから戻れなくなりそうで怖くなることがあると漏らす羽生。羽生が見ている深い海の景色に思いを巡らす村山。村山とならばそこへ一緒に行けるかもしれないと口にする羽生。人工知能がプロ棋士を圧倒する時代において、二人が共有し合う深い海は遺産のようになってしまうのか。二人にしか分かち合えない世界に胸を打たれ、人工知能に深い海を奪い取られたくない気持ちでいっぱいになった。

将棋の深い海にも増して、宇宙には深い深い未知がある。果てしなき宇宙のうち、人類が解明できている部分はほんの僅かだ。残りの多くを未知なる物質、ダークマター（暗黒物質）が占める。遥か昔から、人類は宇宙が何からできているのかを探ってきた。すべての物質は分割不可能な粒子で構成されるとする原子論が古代ギリシャ時代から唱えられ、

ダークマター
宇宙空間に存在する暗黒物質。観測可能な光を発しないため直接観測できないが、銀河や銀河団の質量計測から存在が確認されている。銀河の形成過程などの根本的な問題を解く重要な鍵を握っていると考えられている。

原子が宇宙に存在する物質の主成分だと考えられたこともあった。のちに、スイスの天文学者であるフリッツ・ツビッキーが1933年にダークマターの存在を初めて主張したことで、それが否定される。人類は、果てしなき宇宙の果てしなき謎の中をさまよい続ける。だが、人類が手に負えなかった果てしなき謎を、人工知能が紐解こうとしている。欧州合同原子核研究機関（CERN）は、人工知能を活用してダークマターの検出に挑む。1周27キロメートルの円形加速器で宇宙誕生の瞬間を再現し、人工知能が画像認識であぶり出す。成功すればノーベル賞もので、実質的な受賞者は人工知能ということになってもおかしくない。古代ギリシャ人はそんな未来を予測できただろうか。

ただし、研究が実を結んだとしてもある課題が残る。結果までの過程がわからないのだ。人工知能が導いた結論は途中の計算が複雑すぎるため、人間が理由を明らかにすることが困難なのである。人間が解明できなかった謎を人工知能が解明したとしても、その理由はブラックボックスの中。ダークマターを解明したと思ったら、今度は過程がダークマターのようになる。

宇宙に限らず、何かを解明した人工知能が新たなダークマターを生み、人間がブラックボックスの中に置き去りにされる。人間が人工知能に過程を委ねることで、結論だけしかわからない。

数々の功績を残した数学者のアラン・チューリング。その中でも、計算機の機能を抽象的に考えるために生まれた仮想機械のチューリングマシンは、アルゴリズムと計算の概念を一定の法則にまとめ、コンピュータの原型となった。問題を解くために必要な手順であるアルゴリズムは、数学においては計算問題を解くための方法をモデル化したもので、コンピュータに問題解決のアルゴリズムを指示することがプログラムである。

チューリングは、人間には扱えるけれど機械には扱えない概念があるとし、機械には人間を完全に再現することが不可能である以上、考え方のプロセスは

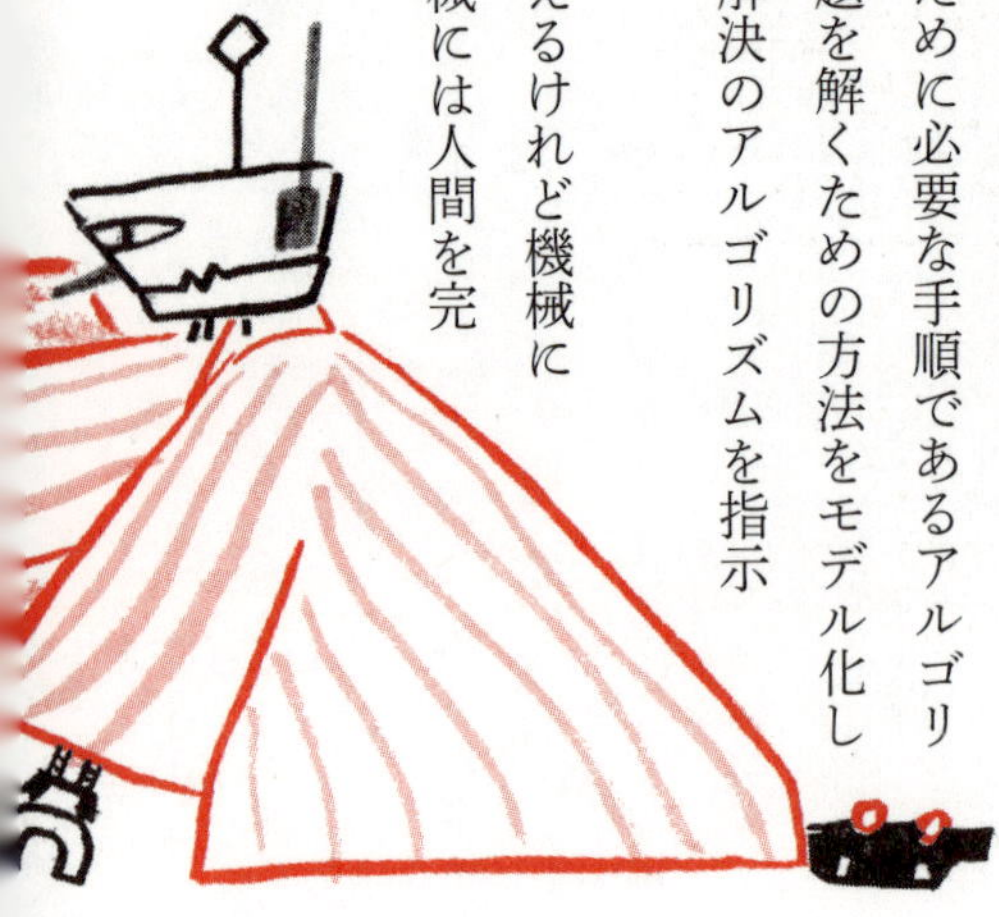

考慮せず、結果の正しさに着眼すべきだとの論を展開している。「コンピュータにプロセスを求めてもしょうがない。結果がすべてでしょ」ということならば、プロセスとしての思考は人間にとっての専売特許。恩恵として、楽しむ対象にしないともったいない。未知の世界を人工知能が解明しても、未知の世界が明らかになる過程は未知のまま。ダークマターの正体を露わにしても、人間が入り込めない世界は残る。「人工知能製ダークマター」に覆われた世界を想像していると、

村山聖と羽生善治が将棋の深い海を共有するシーンへと引き戻される。僕はやはり、あの二人が一緒に潜ろうとしている深い海こそを尊く思う。人工知能は将棋で人間に勝とうとしているが、競争を仕掛けているのは他ならぬ人間である。競争によってゲームの質を高めることに真の狙いを定めるならば、あの海はより深くなる。勝敗自体は結果でしかなく、深い海の神秘はそこにはない。

Vol.

005

人工感動

2009年、ヴァン・クライバーン国際ピアノ・コンクールで日本人として初めて優勝したピアニストの辻井伸行さんの演奏にはいつも心を揺さぶられる。演奏技術が優れたピアニストはたくさんいる。辻井さんの演奏は技術にとどまらない何かを含み、独特のオーラが漂う。辻井さんは生まれつきの小眼球症で、先天的な全盲である。生後8ヶ月でショパンの『英雄ポロネーズ』を聴いたとき、手足をバタバタさせて喜んでいる辻井さんの特別な反応にお母さんは気がついた。それ以降、音楽に対する辻井さんの反応はどんどん豊かになっていく。ある日、お母さんが『ジングルベル』を口ずさんでいると、ふすまを隔てた隣の部屋からそのメロディーの伴奏が耳に入ってきた。なんと、まだ2歳3ヶ月の辻井さんが小さなおもちゃのピアノで弾いていたのだ。「楽譜を目で読めないので、耳で聴いて自分の頭で考える力を磨きながら演奏の実力をつけていった」とお母さんから伺ったことがある。視覚にハンディがある分、耳の力、頭の中で想像する力が相当に鍛えられたに違いない。幼少期から深めてきた辻井さんと音楽のつながりが、演奏から溢れるように

辻井伸行
つじい・のぶゆき●1988年〜。ピアニスト。2009年、アメリカで行われた「第13回ヴァン・クライバーン国際ピアノ・コンクール」で日本人として初の優勝を果たした。以来、日本を代表するピアニストの一人として国際的な活躍を繰り広げている。

伝わってくる。

創造性がものをいう小説や音楽の世界でも、人を感動させる一定の法則があることに着眼し、人工知能がその法則に沿って作品をつくる。そんな試みが増え、人工的なヒットが量産されてもおかしくはない。人工知能が、カタルシス、ホロニック構成、ストーリーを巧みに操り、感動のツボをつく。計算ずくの人工的感動。「人工感動」で埋め尽くされた世界を想像すると、興ざめしてしまう。たまのネタ程度で充分だ。

そもそも、人間はなぜ感動するのか。脳科学的には、五感および運動感覚を介した外部からの情報が大脳皮質からの抑制を飛び越え、すぐに大脳周辺部の報酬系を刺激してドーパミン等が放出される現象が感動である。前頭前野の高次脳機能の命の原始記憶、深層心理から人間本来の記憶が突然噴出する現象でもあることを踏まえると、感動は表層的な情報処理にとどまらない。人間の身体を構成する元素のもとをたどれば宇宙や自然につながり、DNAによって生命体の一員として存在しているのが人間である。ゆえに自然や生命体に対する感動は納得できるとして、

人工感動は本当に人間の必需品なのだろうか。人工知能がつくり出した芸術作品や、超人的に高度な技術を持ったロボットスポーツ選手の試合を観ても、楽しむことはできるだろう。感動だってできなくはない。とはいえ、感動している理由を掘り下げると、結局は人間の存在が浮き彫りになる。

開発した人間込みで感動が生まれ、まったく人間が関与していないものには心の空冷機能が作動する。人工感動が真の感動に及ばないのは、人間の感動のメカニズムは自然や生命体の中にあるからだ。人工感動も脳に刺激を与え、感動らしいものは弾き出す。人工知能がつくった曲を機械が奏でる。耳を澄まして聴けば、「いい曲だ」とは思える。でも、辻井さんの演奏から生まれる感動とは違う。なぜか。ピアノの音色だけを聴いているのではなく、辻井さんの演奏を聴いているからだ。生命を持つ演奏者と音色。それらが融合した演奏を、人工感動が凌駕することは容易ではない。

Vol. 006

「想像メディア」

無線ラジオ（音声放送）の通信テスト世界初成功は、1900年にまでさかのぼる。

電気技術者のレジナルド・フェッセンデンによるもので、改良が重ねられた6年後の12月24日、米国マサチューセッツ州にある無線局から自身のクリスマスの挨拶がラジオ放送された。世界各国で実験的なラジオ放送が盛んになり、最初の公共放送（AM方式）であるKDKA局が米国ペンシルベニア州で誕生。通信テスト世界初成功から20年後のことだ。

日本においては、1925年3月22日、社団法人東京放送局（現在のNHK東京ラジオ第一放送）により初めてラジオ放送が行われた。放送技術と受信機の進化と共に、世界中でラジオが一気に普及する。音楽、トーク、演芸、ドラマ、スポーツ中継、ニュースなどの番組が多数提供され、娯楽の主役となった。

2010年には地上波のラジオ放送がインターネットを利用したサイマルラジオ「radiko」でも配信されるようになり、スマートフォンで番組を楽しむリスナーが増えた。インターネットが、データ通信で番組を

レジナルド・フェッセンデン
1866〜1932年。カナダ人の電気技術者・発明家。トーマス・エジソンのもとでアシスタントとして活躍した。1900年に世界初の無線による音声の送信を成功させた。その後、高出力送信、ソナー、テレビなどの分野で多数の特許を取得した。

どこでも安定的に聴くことを可能にし、放送メディアの可能性をひろげた。

１００年以上の時を経て、周辺のメディア環境は劇的に変化したが、ラジオは声と音のみのメディアとして淡々と存在している。

超高精細のモニターから流れる映像は臨場感たっぷりで、見ているだけで圧倒される。バーチャルリアリティは、感覚や思考を乗っ取るかのよう。咀嚼するまでもなく形が整った情報が、インターネット経由で求めなくても押し込まれてくる。情報の流れは速く、味わう余裕もない。受け身の情報が増えるほど、能動的に想像するリズムが生まれない。口に入れるのが精一杯で、丁寧に噛んでいたら顎がもたない。十数文字の見出しだけで知った気になれるニュース。パッケージされて組み立てのいらぬ情報。その結果、限られた情報から想像を膨らませる機会を手放してしまう。

僕はラジオ番組で話をするようになってから、声と音だけを届けるメディアの面白さを再確認した。リスナーは、ラジオから流れる言葉を追い、音に耳を傾ける。言葉の意味を考え、頭の中で想像を広げる。想像の広げ方は人それぞれ。頭の中で映像に変換できるように言葉を伝え、思考を深めるきっかけをつくるのが話し手の役割。言葉を発し、言葉を受け取ったリスナーと一緒に完成させるのがラジオ。

第一次世界大戦後から世界恐慌直前までのアメリカの拡大発展の記録を番組にしたNHKスペシャル『映像の世紀』(第3集 それはマンハッタンから始まった)で、あるマンハッタンの住人によるラジオについての手記が取り上げられている。

「ラジオの世界、それは、

私にとってリアルそのものだった。まるで目の前に映画スターやミュージシャンがいるかのように思えた……」

そう、いまも昔もラジオは「想像メディア」なのだ。話の間にすら想像の機会があり、言葉と音のみで情報を完成させる。目の前にないものがリアルに感じられるのは、リスナーの想像力によるものだ。

自分の外で情報が完成され、その摂取に思考を伴わない環境は、想像力にとっては好ましくない。人工知能社会における人間の想像力の重要性を踏まえれば、想像メディアは手放せない。想像の起点、想像を楽しむ場。想像メディアで、想像力を鍛える。

Vol.

007

あちらの世界のゲーム

「しょせん、ゲームの世界だから」

多くの人が一度はハマるレーシングゲーム。どれだけ好成績を残しても、クラッシュのアクシデントに見舞われても、ゲームの中でのこと。そこは仮想であり、現実とは交わらないと思い込んではいないだろうか。ゲーム機「プレイステーション」のレーシングゲームソフト『グランツーリスモ』の優秀なプレイヤーを本物のレーサーに養成するプロジェクト「GTアカデミー」が2008年に開始され、ルーカス・オルドネス氏がゲーマー2万5千人の初代王者になった。当時大学院生だった彼は、これを契機に英国でレーシングライセンスを取得。2009年にドバイでの24時間耐久レースを完走、2010年には自動車耐久レースの最高峰「ル・マン24時間」にも参戦して実績を重ねた。

2011年に開催された同プロジェクト（「GTアカデミー」ヨーロッパ大会）で、約9万人もの参加者の中で優勝したのがヤン・マーデンボロー氏。ドバイ24時間耐久レースでデビュー後、FIAヨーロッパ・フォーミュラ3選手権や日本のSUPER GTシリーズで活躍してい

GTアカデミー
2008年の最初のコンペティションには、ヨーロッパ12ヶ国が参加。予選を勝ち抜いた22名がシルバーストン・サーキット（イギリス）での最終選考会に参加し、ルーカス・オルドネス選手が最優秀選手に選ばれた。オルドネス選手は2010年ル・マン24時間レースでは、LMPクラス2位の表彰台に立った。GTアカデミーは『グランツーリスモ』のプレイヤーがレーシングドライバーになれることを証明した。

る。レーシングゲームが本物のレーサーへのパスポートになり、仮想と現実が交わってしまった。

『グランツーリスモ』は空想よりも肉体的リアリティを反映したゲームだと言われており、シミュレータとして現実に近い挙動をするように設計されている。コンピュータにより精度の高いシミュレータが実現し、いまやF1ドライバーもレースの準備に使う。ゲームがシミュレータ化したことで、ゲームのプレイヤーとプロのレーサーが接近している。ゲームがシミュレータとなり、視覚的には細部まで現実に近い。足りないのは、レーシングカーが実際に動いたときの体感、重力への対応だ。裏を返せば、その対応さえできれば有能なゲーマーが本物のプロレーサーになれるかもしれない。好奇心は仮説となり、仮説は実証された。ゲーマーがドライバー養成プログラム「GTアカデミー」で鍛えられ、ゲームから実戦の世界へと羽ばたく。漫画のようなストーリーだが、実話も実話。

F1を始め、世界で活躍してきたレーシングドライバーの小林可夢偉さんに、「レースシミュレーションゲームが上手い人は、実際のレースでも活躍できる余地はあるか」と訊ねてみた。「ある」と答えが返ってきた。高精度のシミュレーションゲームが上手い人が本物のレースでも通用し、プロレーサーはゲームも上手いらしい。かくいう小林可夢偉さんもトレーニングの一環でゲームを活用している。たとえば、ブロック

ピースがフィールドの上方からランダムに落ちてくるパズルゲーム『テトリス』は、スピーディに次を予測し反応せねばならず、レーサーのトレーニングに役立つという。

超高速で走りながらポールの旗を見て風向きがどちらかを知り、ブレーキを踏むタイミングを判断する。３００キロを超えるレースでは、ブレーキを踏むタイミングのわずかな差が大きな結果の差を生むが、ゲームがその判断力を養う一助になっている。

電子機器を用いて行う娯楽、競技、スポーツ全般を指す「エレクトロニック・スポーツ（eスポーツ）」は、デジタルのゲームを使ったスポーツ競技として発展している。

1980年代にコンピュータゲームが誕生し、数多くの大会が開催されてきたが、スポーツ競技場のようにゲームの対戦を観戦する場が増え、高額の賞金を稼ぐ選手が注目を集める。野球やサッカーでプロ選手の技術に釘付けになるのと同様、eスポーツの選手も観戦に値する技術を持ち、観客を魅了する。オリンピックの正式競技になる可能性すらあり、「ゲームはスポーツではない」という常識を覆す日も近い。スポーツは運動以外に競技や娯楽という意味を持つのだから、デジタルのゲームがスポーツの仲間入りをしてもおかしくはない。

あちらの世界のゲームが、こちらの世界の現実となり、仮想と現実の境界線を溶かす。

---

eスポーツ
コンピュータやゲーム機器を用いて行うゲーム対戦をスポーツ競技として捉える際の名称。eスポーツの盛んなアメリカ、韓国、中国では高額賞金の出る大会が頻繁に行われており、プロのeスポーツ選手は憧れの的になっている。また、専門学校や大学でもeスポーツ選手育成に力を入れはじめている。

Vol.

008

イマーシブ・シアター

廃墟となったチェルシーのマッキトリック・ホテル。地上6階・地下1階、約100の趣向を凝らした部屋からなる建物の中を、シェイクスピアの『マクベス』をベースとした物語をほとんど無言で演じる役者が歩き回る。客席と舞台が分離されておらず、観客と役者の間に境界線はない。白い仮面を着けた観客は、「アノニマス（見えざる者）」として舞台の参加者と化す。観客と役者が接近し、一対の関係性が生じる。方々に散らばった役者を追いかけ、受け取る物語も観客次第。

英国のパンチドランク（Punchdrunk）という劇団が、この『スリープ・ノー・モア（Sleep No More）』という作品をニューヨークで2011年に初公演して以来、ロングランとなっている。彼らの成功をきっかけに、英国や米国でイマーシブ・シアター（Immersive Theater）と称される体験型演劇が急増し、注目を集めるようになった。

観客と演者の境界線をなくし、観客も構成の一部とするタイプの演劇は昔から存在した。1981年にカナダのストラッチャン・ハウスで初演された『タマラ（Tamara）』は、11部屋ある一軒家の中を10人の役者

イマーシブ・シアター
イマーシブ（Immersive）は「没頭させるような」「夢中にさせる」という意味。言葉のとおり、作品に入り込むことができる形式で、ホテルや病院、時には野外で上演する仕組み。

が同時進行で物語を展開する。観客は特定の役者を選んで随行し、随行自体を役として演じ、物語の体験者となる。まさに、今でいうイマーシブ・シアターの走りであった。

定められた客席に座り、舞台の上の役者を傍観する予定調和な演劇と比べ、イマーシブ・シアターは観客に負荷を与える。固定の居場所はなく、自分なりの物語を求めてさまよい、劇の参加者となる。傍観者であればよかった演劇のようにはいかないのだ。それなのに、なぜイマーシブ（没入型）な体験を求める人が増えているのだろうか。

テクノロジー社会においては、コミュニケーションも映像もモニター越しにあり、デジタルのフィルターの向こうの世界と対峙する時間は長くなる一方だ。フィルターの向こう側はリアルであるはずだけど、〝デジタル・フィルター〟は生命的なリアリティを授受し合う機能が乏しい。確かに存在するものなのに、その息吹に直接触れることはできない。存在は認知できても総じて体感が弱いのだ。デジタル・フィルターが息吹を遮断している反動で、「もっと肉体的に感じ取りたい」という欲求が

あぶり出される。

だから、客席と舞台の間にある壁が溶け、劇全体の息づかいと一体化されることが心地よい。「これはバーチャルではなく、やっぱりリアルなのだ」。リアリティに没頭できることが、イマーシブ・シアターが人間を引きつけるようになった根源的な理由だと考える。

人間がイマーシブを求める傾向は、ますます強まるだろう。身体すべてでリアリティに没頭し、自分という実存を確かめる。没頭しなければリアリティを感じられないほど、デジタル・フィルターの影響は強まっている。

Vol.

009

人間のフィーリング

英国ではディーゼル車とガソリン車の新車販売が2040年以降禁止される。フランス、ドイツをはじめとした各国でも同様の動きがあり、世界は電気自動車へ完全移行する流れの中にある。大気汚染を防ぎ、環境問題の解決に寄与する方策であることは間違いなく、今後大きな潮流となろう。

シンクロするように運転の自動化、自動運転車の普及が見込まれる。センサーで前方を自動追従して車間距離を保つような車も増え、その延長にある完全自動運転のイメージもしやすくなってきた。2040年には75パーセントが自動運転車になるなどの予測も活況だが、いつどの程度普及するかをどんぴしゃりと当てることより、運転の自動化の意味を人間が考えることのほうが重要だ。技術的には運転の完全自動化というエポックが今世紀中に訪れること自体はもはや確かなのだから、どう向かい合うかにフォーカスしたほうが得策である。

道路交通の安全性を高め、運転負荷を軽減する効用は、真っ先に想起される運転自動化のメリットだ。公共交通が不完全な地域や高齢化社会

電気自動車へ完全移行する流れ 大手自動車会社は次々とEVへの移行を発表している。ゼネラルモーターズ（GM）は2023年までに20車種以上のEVを投入する予定。欧州勢もこの流れに続く。中国政府もEVへとシフトしており、「民族系」と呼ばれる純粋な国内メーカーのEV化が急ピッチで進んでいる。

の有望な移動手段ともなる。国内の運転従事者約200万人の雇用が消滅するというネガティブな側面は念頭に置きつつも、電気自動車と運転自動化の掛け算が生み出す社会的価値は計り知れない。

テクノロジーは、「自動化」という人間の憧憬を形にし続けている。自動計算機は1890年頃に誕生し、ちょうど同じ頃に電動機式のエレベーターが開発された。最初の自動車は1769年に発明された蒸気機関で動く自動車で、1870年に初のガソリン自動車が登場した。あまたの自動化の中でも、移動という行為の自動化が人間にもたらした恩恵は大きい。自動車の変速操作を自動化するオートマチック・トランスミッションが1940年代に実用化されたことで自動度が上がり、ついには運転そのものを完全自動にしようとしている。「人間による運転は違法になる」という予測すらあるから、自動化への力学は強烈なのである。

僕が免許を取得し、自動車を運転しながら初めて体感したのは、進路の自由度が高い乗り物を操る楽しさ。自動移動個室の利便性を得ることと引き換えに、進路操作が自分の手から離れることで失うものがあるとすれば、いったい何なのか。「ただ楽しい」という非合理性を兼ね備えたフィーリングなど、やわな存在として消滅してしかるべきものなのか。技術的進歩の中で、物悲しさすら背負うことになろう「手動」というものに、どこまでこだわるべきなのか。自問自答するように、僕はあえて操作性を強く感じられる車を選び、ハンドルを握る。ハンドリング、エンジン音、シートに伝わる振動。僕に躍動感を与えるそれらすべてが、

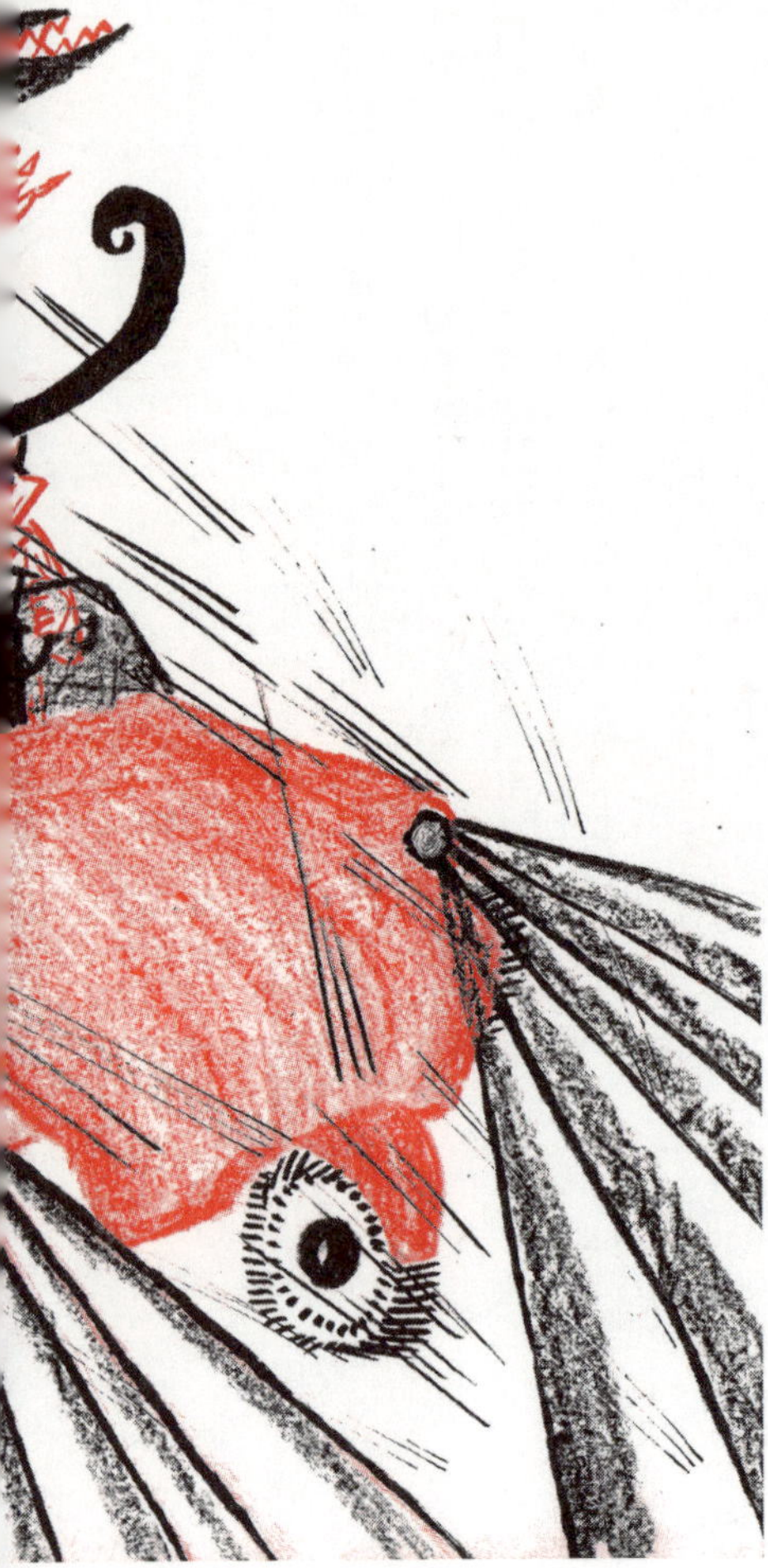

合理性の観点からは無価値といえば無価値だ。そもそも車を所有していても乗る時間や維持費を鑑《かんが》みると割に合わないと考える人も増えている昨今、合理性という圧には、僕の自問自答自体もスクラップにされそうな勢いである。

利便性にプライオリティを置き、フィーリングという曖昧なものは整理の対象にしたほうが人類の進化にとっても好ましいのだとすれば、テクノロジーは人間をフィーリングごと変質させてしまう可能性がある。人類の進化にふさわしいフィーリングというものがあるのだとすれば、運転が楽しいというフィーリングは反進化系として消去される運命にあるのだろうか。未来へと向かって、少なくとも僕は惜しむように非自動運転車を操る。人間が自ら動かすことにより得られるフィーリングを存続させるか否かは、かくいう人間のフィーリングにかかっている。

Vol.

010

やさしさ調味料

イチゴ、レモン、メロン、ブルーハワイ。好みのかき氷のシロップを選ぶ。

「やっぱりかき氷に合うのはイチゴだね」

「いやいや、すっきりレモンが最高」と、好みの主張合戦が繰り広げられる。ところが、それらは全部同じ味のシロップ。違うのは、色だけ。

五感のひとつである味覚には、甘み、酸味、塩味、苦み、旨みの5つの基本味が存在する。生理学的な基本味を受容するのは舌。実際に行われたシロップの実験は、味覚には錯覚という調味料があることを浮き彫りにする。舌が、色にだまされたのだ。

「右が150グラムで3000円、左が同じグラムで5倍の価格の1万5000円のステーキです。食べ比べてみてください」と促され、味比べする。口に入れる前から5倍の価格差が調味料になっている。高いと認識したステーキを条件反射のようにおいしく感じてしまうならば、味覚の高機能センサーである舌が錯覚スパイスを食らいかねない。本当の価格が逆であっても、高いと触れ込まれたステーキをまんまと支持する。

視覚、聴覚、嗅覚、触覚、記憶などにより拡張された知覚心理学的な感覚は、味に影響を与える。だまされたというより、味覚とはそういうものなのだ。

「高級レストランで食べるハンバーグよりも、母親の手作りのほうがおいしい」と感じる調味料は、母親が自分のために一生懸命作ってくれたという〝思い〟である。いわゆる「おふくろの味」への肯定は、記憶や思いを土台に成立していることが多い。手料理に不慣れでありながら、徹夜して作ったチョコレートをメッセージ付きでバレンタインデーに贈られ、出来栄えはいまいちでもおいしく感じたことはないだろうか。やさしい気持ちを感じ取ることが味覚に影響するという実験結果があるとおり、「やさしさ調味料」が作用しておいしいチョコレートに変身したのだろう。相手のやさしさがチョコレートに溶け込んだかのように。

だとすれば、テクノロジーで知覚や心理をコントロールし、恣意的に味覚を変えることが可能になる。「テクノロジー調味料」とでも呼ぼう。

VR技術を用いた映像でほくほくの湯気を出し、音響でじゅうじゅうと音を立て、ディフューザーによる香りも加えてシズル感を煽る。

おいしく感じるようにテクノロジーで錯覚を起こさせれば、冷凍食品を解凍するだけの料理でも何割増しかになる。人工知能を搭載したロボットシェフに、食べたいものや調理方法、はたまた希望するカロリー

人工知能を搭載したロボットシェフ
ロボット会社のMoley Roticsは、AIを搭載した2本のロボットアームを持つ「ロボットキッチン」を開発している。人間のシェフが3Dカメラで撮影し、AIが調理を学習する。ロボットアームには20個のモーター、および129個のセンサーが使用されている。今後、2000のレシピを組み込む予定。

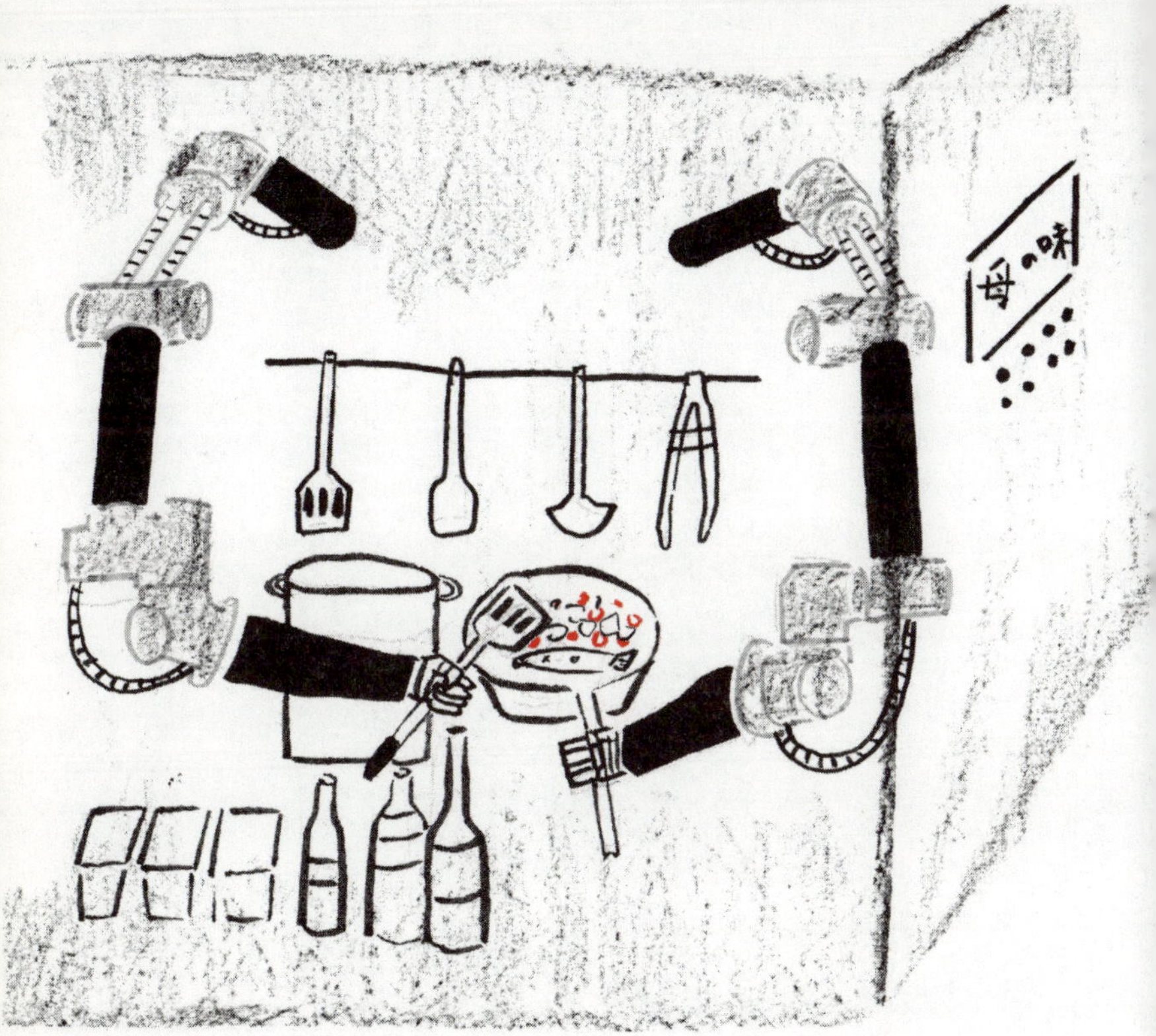
母の味

を入力すると、手際よく完璧な味で仕上げてくれる。有名シェフのデータを保持した人工知能が家庭でプロの味を体現するとなれば、人間はお手上げ状態だ。

料理と錯覚を招く調味料の両方をテクノロジーが支配するとなれば、人間のように巧拙の差も失敗もない。好きなときに好きなものを簡単に食べられる。「もう最高！」と思えなくもないが、本当にそうだろうか。「ロボットシェフ＋テクノロジー調味料」の時代においては、むしろ「やさしさ調味料」こそが最強になる。知覚や心理こそが究極の隠し味だとして、おふくろでも恋人でも、その料理人は人間であってほしい。たとえロボットと恋愛ができる社会になったとしても、料理に乗せられるやさしい気持ちは人間から発するものが一番。僕はそう信じている。

Vol.

011

先端テクノロジー製ノルアドレナリン

とある人工知能学者が、「研究をしていると無性に焦るんです。何に対して焦りを感じているのかは判然としないのですが、焦りの総量は増している気がします」と漏らした。聞いてすぐさま合点がいったのは、僕にも自覚があるからだろう。

テクノロジーによる進化の掛け算に、情報フローの高速化。まだ見ぬ未来に人工知能が与えるインパクトを想像してみると、過去のイノベーションとは異質な何かが待ち受けている。焦りの正体は「先端テクノロジー製ノルアドレナリン」とでも命名すべきものだ。

焦っているときは、人間の脳内で多くのノルアドレナリンが分泌されている。ノルアドレナリンは神経伝達物質の一種で意欲を高める半面、不安や恐怖の感情にもつながる。適度に分泌されるとやる気のもとになったり、集中力が向上する。焦ることにより過剰に分泌されたノルアドレナリンの量を調整できなくなると、一転して負の側面が露わになる。外敵などの脅威に対抗する働きをし、生物の生存本能の源でもあるノルアドレナリン。理知的な人工知能学者を襲う焦りを目の当たりにすると、「もしや先端テクノロジーを外敵と見なして過剰反応しているのですか?」と神経伝達物質へ問いかけたくもなる。ノルアドレナリンはストレスに反応して分泌されるため、ストレス社会はノルアドレナリンが分泌されやすい社会だ。慢性的ストレスにより分泌され続けると減少し、枯渇してしまう恐れすらある。テクノロジーの進化がメリット以上にストレス増加へ加担してしまうと、分泌バランスを崩しやすい社会になってしまう。

作家のフランツ・カフカが残した、「人間のあらゆる過ちは、すべて焦りからきている。周到さを早々に放棄し、もっともらしい事柄をもっともらしく仕立ててみせる、性急な焦り」という名言がある。焦りによりノイズまで吸い取ってしまい、物事を見誤る。加速が加速を生むテクノロジー社会は、カフカが憂慮した焦りとも一味違う焦りをもたらす。ひとつの発明が他の発明と結びつくことで新たな発明が誕生する期間が短くなる指数関数的な進歩は、人工知能や量子コンピュータのような発明の連鎖により高速化する。発明に伴う事象の移り変わりは激しく、人

フランツ・カフカ
1883〜1924年。オーストリア＝ハンガリー帝国領当時のプラハで、ユダヤ人の商家に生まれる。『変身』『審判』『城』など、人間存在の不条理を主題とする作品群を数多く残している。

間が兼ね備えている時間軸は狂いやすくなる。狂った時間軸はノルアドレナリンの分泌バランスをも狂わせ、迷いや不安が生じるようになり、焦りが焦りを招く。

テクノロジー社会に体内時計を適応させ、自分なりの時間軸をしっかりと持つ。過去や未来、遠くを見ることで足元を安定させる。外部環境に振り回されず、自分の心持ちに耳を澄ませる。体内時計をテクノロジー社会に支配されないために、調整の手法を身につける。

焦りに焦らず、焦りの正体と向き合い分泌バランスを保つ。「先端テクノロジー製ノルアドレナリン」であろうともプラスに作用し、焦りもチャンスに転ずるはずだ。

OH
HO
NH_2
HO

Vol.

012

次の思考

人類には、脳で虚構を生み出す力がある。想像によって架空の筋や事柄をつくり、脳内で虚構を現実が如く操る。虚構の英語原義は形づくること。ユヴァル・ノア・ハラリは、著書の『サピエンス全史（上・下）文明の構造と人類の幸福』で、国家や貨幣はホモ・サピエンスが創造した虚構であると論じている。仲間が信じ合うことで虚構は成立し、人類は虚構のおかげで繁栄してきた。

文学用語としてのフィクションは、架空の出来事を想像的に描いた物語を指す。触れたら壊れそうなほど繊細な核心を衝く小説。自由な表現方法で人間や社会を描く小説は、遠慮なく遠慮をはぎ取る。現実（それが虚構だとしても）では受け止め難いシビアな事象も、創作に置き換えることで娯楽として受容でき、現実よりも抵抗なく脳に溶け込む。ノンフィクションに潜む本質を忌憚なく露わにできるフィクションこそが、究極のノンフィクションだと感じる瞬間だ。

人工知能、ロボット、仮想現実、仮想通貨。テクノロジーの突風は、最初はこれまでのルールの外側で吹き荒れる。文学におけるフィクショ

ユヴァル・ノア・ハラリ
1976年イスラエル生まれ。歴史学者。オックスフォード大学で中世史、軍事史を専攻して博士号を取得した。著書の『サピエンス全史』はヘブライ語で出版されたのち、英語訳、日本語訳など多くの言語で翻訳され、世界的ベストセラーとなった。

ンが生命や社会を維持することに直接関係しないように、築き上げてきたものをいきなりリセットするような吹き方はしない。最初は、目の前の虚構よりもひと回り外の虚構で吹き荒れる。経済、法律、企業、国家、家族、社会。虚構といえども価値が可視化され、生活を実際的に形づくるそれらほどの必然性もない。ところが次第に、風向きは外側から内側に変わる。外側を吹いていたはずの突風は人類に吹きつけ、歴史が積み重ねてきた常識を揺さぶり、生活の実態に影響し始める。小説を読むように眺めていたら、いつの間にか現実に入り込んでくる。人工知能とロボットに頭脳や肉体を代行され、人類以外が持つ賢さや力強さを初めて経験する。仮想の通貨なるものが、お金が虚構であることを浮き彫りにし、空間に浮かぶ精巧なデジタル描写を、視覚が現実として捉える。

未来のテクノロジーが過去のそれと異質なのは、人類最後の砦ともいえる脳にフォーカスされることや、主人公が人類ではなくなる恐れがあることだ。人工知能が社会や経済を構築し、仮想現実の世界を脳が現実だと信じてしまうようになり、脳とコンピュータを直接つなぐ研究が進む。これから先のテクノロジー・インパクトは、いままでの延長線上を外れ、現状の虚構を超えた虚構をつくる。人類は凝り固まった思考を超え、次の思考へ移行する必要に迫られる。ただし動揺することはない。

「テクノロジーが人間をどこかへつれていく」のではなく、「人間がテクノロジーをどこへつれていくのか」を問われているのだ。この段階では、主導権はまだわれわれにある。次の思考次第だ。

Vol.

013

脳は生き様

「人間は何歳まで生きることができるのか」という好奇心を満たす結論は得られていないとしても、1997年に122歳で亡くなったフランス人女性のジャンヌ・カルマンさんの長生き世界記録はしばしば意識される。サーチュインと呼ばれる長寿遺伝子を活性化するために摂取カロリーを減らす、DNAを傷つけないために紫外線や喫煙を避ける、抗酸化成分をたくさんとる、適度な運動やストレス発散。自分の寿命の予測はできないとしても、努力で老化を防ぐための研究は活発である。不老不死という究極を模索する科学者もいる。

「何歳まで生きたい?」という質問を交わし合った経験は、ほとんどの人にあるだろう。

「100歳まで生きてみたい」「平均寿命が目標」「健康だったら何歳まででも」「太く短くがいい」。寿命に関しては、個人の価値観によるところが大きく、「不老不死なんて地獄だ」という考え方だってある。

本人の希望はともかく、先進国の長寿化は進み、その中でも日本はトップレベルの速さ。平均寿命は最高を更新し続ける一方、年金の先行き不

長寿遺伝子
マサチューセッツ工科大学のレオナルド・ガレンテ博士が酵母から発見した遺伝子(サーチュイン遺伝子)。長寿遺伝子は、老化の原因といわれる活性酸素の発生を抑制し、免疫細胞の暴走を食い止める。その結果、老化の進行を遅らせることができるといわれる。

安や高齢になって生活費を稼ぐ仕事の確保が困難になることを危ぶみ、〝長生きリスク〟という皮肉な見方もされる。

自分が慣れ親しんだもの以外、とりわけ新しい現象にはついていけない。「自分はおじさんだから」と自嘲まじりにお茶を濁してしまう。テクノロジーが表裏ひっくり返すほど日常を劇的に変えるサイクルに入っているところに、長寿化が輪をかける。テクノロジーがもたらす進化のスピードに振り落とされそうになり、脳が長寿についていけない。そこで脳を成長させるマラソンをリタイアしてしまうと、社会の進化と寿命に脳が置き去りにされる。

幸いなことに、脳は長期的に鍛えられることを示す研究は盛んだ。年齢とともに脳を構成する神経細胞は減り続けると考えられていたが、大人になってからも神経新生という新たな神経細胞が生まれ、人間の行動によってコントロール可能だということもわかってきた。生まれた神経細胞は使ってあげないとすぐに死んでしまうので、使っているかいないかで大きな差が生じる。また、頭脳の司令塔である前頭葉の体力が落ちると「面倒くさい」「楽をしたい」と感じるようになる。一度坂を転がり始めると、またのぼるのは大変だ。前頭葉を鍛え続け、未来に向けて意欲的に創造、思考する力を磨くことを止めないことが大事だ。

前頭葉は、新しいことに出会い、初めてのことに挑戦するときに刺激を受けるので、実はテクノロジーがもたらす絶え間ない変化は好機なのだ。気後れしたり、自分の可能性に蓋をしている場合ではない。生き様が反映されるのが脳だから、意識して鍛え、脳の極限を超えていこう。

対談

dialogue

隈研吾

建築やまちづくりとテクノロジーが融合することで、
どのような住環境の未来を描けるのだろうか。
建築家の隈研吾さんと語り合った。

Kengo Kuma × Kazuya Ogawa

隈：建築とテクノロジーの関係についてはいくつかの観点があるのですが、最も一般的なのはＣＡＤ（computer aided design）、すなわちコンピュータを使って図面を描くことです。建築とテクノロジーというと、多くのみなさんはこれに着目をするのですが、実際この20年くらいで図面の描き方、建築設計の仕組みを変えるくらい大きな変化をもたらしました。ＣＡＤによって、設計図は手で描かずにコンピュータを使って描くようになり、それによって手描きというものがなくなりました。

それから、形態を生成する道具としてコンピュータを使うようになったんです。いままでとても検討に時間がかかったような形、たとえば小さく細かいものがたくさん集まって全体を形成するような、生物的な建築物の検討には、Grasshopper（グラスホッパー）というプラグインソフトを使うようになり、うちの事務所ではもはやそれがなければ設計できないほどの状況になっています。

さらに、ＢＩＭ（Building Information Modeling）というシステムが、積算とエンジニアリング、構造設計に連動するようになり、図面を描くと同時に積算も出来上がるという状況になっています。それに対応できないと、海外のデベロッパーなどはそもそも契約もしてくれなかったりするんですね。残念ながら、日本はＢＩＭでは世界の中で出遅れてしまっているんですが、これはＢＩＭに限った話でもない。新しいテクノロジーの浸透において、日本はいずれも後手に回っているというのが実態ですね。日本の建築技術は世界的に進んでいるという印象を持たれがちですが、実はこの20年で世界のレベルから遅れをとった側面があり、海外で仕事をしていると、日本が遅れをとってしまっているという危機感を覚えることが増えています。

小川：建築そのものはテクノロジーの活用が段階的に進んでいるものの、日本がそこにキャッチアップし損ねているというのが実態なのですね。新しいテクノロジーを積極的に取り入れることへの躊躇があるのでしょうか。

隈：そうですね。それと教育の問題があります。大学あたりがそのような動きに速やかについていこうとしないと、あっという間に出遅れてしまいます。日本の大学は、全体的に判断が遅いことは否めず、この20年間ですっかり建築教育のレベルが下がってしまった。

小川：日本の建築技術や教育は世界でもトップクラスだという印象を持っていたので、意外でした。世界に遅れをとらないよう、新しいテクノロジーを取り入れる進取の精神と教育改革、それを牽引するような事例、ロールモデルをつくることが必要なのでしょうね。

隈：危惧は形で払拭し、前に進んでいくしかないですからね。僕は新しいテクノロジーをどんどん取り入れて、面白い建築物を生み出したいと考えています。

小川：その観点でも、コンピュータプログラムによって複雑な曲面や部材配置などを行う「アルゴリズミックデザイン」は、テクノロジーがもたらした新しい設計手法として興味を持っているのですが、隈さんはこれを用いて独創的な設計をされていますよね。英国スコットランドの都市、ダンディーのウォーターフロントの国際デザインセンター「V&A Dundee」などは相当複雑な曲線で設計されていますね。

隈：「V&A Dundee」などは、アルゴリズミックデザインの手法を用いなければ絶対にできない設計ですからね。ただ、それを用いれば何でもできてしまうということはなく、実状としては、道具に過ぎないんです。自分がこんな風なものをつくりたいという発想に対して、それをつくるための選択肢をコンピュータが出してくれて、その中から自分が面白そうだと思うものを選択して、それに対してコンピュータがさらなる選択肢を提示してくるんですね。だから、僕らの思考を形にするための道具、さらには思考の一部になっていて、コンピュータが勝手に設計してくれるなんていうことはないんです。しかしそれによって、思考のあり方、設計のプロセスが変わって、出来上がるものもすごく変わりました。

小川：あくまでも建築家の思考を形にするための道具ということですが、もしかしたら、道具というよりも思考の一部として思考に介在し、思考を増幅させる「思考パートナー」になりつつあると言えるのかもしれませんね。ここまでが思考、ここまでがコンピュータという、境界線がはっきりした分業という感じでもなく。

隈：まさにそのとおりで、まるで人間の思考とコンピュータの思考が一体化しているような感じですね。

小川：スターバックス太宰府天満宮表参道店も木材がユニークに交差し壮観ですが、あれも建築家の思考とアルゴリズミックデザインの手法が一体化して実現されたのでしょうね。

隈：あの建物も、まさにそんな感じでつくりました。何センチ角の木を使い、何センチピッチで交点を設けていくとか、交点の角度を30度にするか、32度にするかなど、たくさんのパラメータがあります。それはいわゆるデザイン的、美的な観点だけではなく、建物を支えている構造でもある以上、データを用いて構造的な最適解を求めるという作業は欠かせない。構造的な最適解とデザインの最適解を追求する作業がパラレルに進むんですね。そのように、パラレルに進めていくということは、いままでであれば考えられなかったんです。従来は、形がすべて決まってからそれをパッケージにし、構造設計事務所に渡していて。それをもとに構造担当者が計算をして、その計算に基づいて壁の厚さをこれくらいにしましょうというようなプロセスで、デザインとエンジニアリングの間にキャッチボールはありませんでした。そのような原始的なやり方でも、コンクリート造の際はかろうじて設計できていたのですが、僕の建物のように木や鉄の小さな部材を組み合わせていくような場合は、従来のやり方、計算方法ではまったく設計できない。全部パラレルなアプローチで設計していくわけです。コンピュータを用いた構造の設計とデザインの設計、つまり建築家の思考とアルゴリズミックデザインの手法が一体化して進んでいきます。

小川：どのような建築物をつくるかという建築家の思考、デザインに対して、コンピュータが構造的な最適解を見出す補助の機能を果たす。それらをデータ化することで、仕上げるまでのプロセスも効率化する。それらは区分されているものというより、パラレルであって、一体化している。それにしても、その絶妙な設計スタイルは、そう簡単にできるわけではなさそうですし、そのスキルを習得するのも骨が折れそうですよね。

隈：そう、それは単に社員教育とかをやってもうまくはいかないもので、実務の中で習得していくしかないんですよね。そこには、グローバルな人材交流が重要で。海外にはその手の設計スタイルに長けている人材は多く、うちの事務所にも海外で教育を受けたスタッフが入ってくることで、全体のレベルが知らず知らずのうちに自発的に上がっていくんです。海外のスタッフにとっても、日本独自の設計スタイルを学ぶ部分があって、相乗効果を発揮していきます。日本の事務所はそのようなグローバルな人材交流がないところが多いんです。

小川：日本のスタッフの中に、違う設計スタイル、スキルを持った海外のスタッフが一緒になってこそ生まれる相乗効果ですね。画一的なスタイルやスキルの人材で固めることで、イノベーションの限界、ジレンマを抱えてしまうのでしょうね。

隈：それぞれが受けてきた教育が違うからいいんです。受けてきた教育が違うスタッフが交じり合うことで、新たな気づきが生まれたりするものです。日本と海外という区分けで事業部やスタッフを分けるような縦割り志向だと、そうはならない。

小川：その縦割りが生む弊害というのは、建築の世界に限らずあると思いますし、それを壊すことで前進できることも多いはずですよね。隈さんのところでは、異なった教育を受けたスタッフが実務の中で新しい設計スタイルを習得して、面白い建築物をつくり出している。アルゴリズミックデザインで、いまはどのようなものをつくられていますか。

隈：オーストラリアで、ハーバーの一番目立つところに、木を使った渦巻きのようなものをつくるというプロジェクトをやっています。機能的にもものすごく複合的なもので、マーケット、福祉施設、図書館、レストランをどのように織り交ぜていくかということがポイントで。形態的にも機能的にも、複雑な複合がテーマになっているので、その類いのものは、まさにアルゴリズミックデザインでなければ対応できません。

小川：隈さんはその手の新しい手法、テクノロジーに対して積極的ですが、一般的に、建築の世界ではそれらのものに抵抗感というものはあるのでしょうか。日本の建築教育の遅れなんかも、その抵抗感が影響している気はしますが。

隈：その抵抗感というものは、実際に強いですよね。大学で議論をしていても、まだどうなるかわからない世界に投資してもいいのか、それはいけないんじゃないかということになりがちです。でも、どうするかわかった段階、明らかになったときでは、もう遅いんです。その世界は、もう終わっていたりする。だから、どうなるかわかった段階で教育投資しても意味は薄い。どうなるかわかるものにしか投資しないというのでは、限界がありますよ。日本独特のリスクの取り方とでもいうか。

小川：それは建築だけではなく、僕が身を置くテクノロジーベンチャーの世界でも同じだと思います。「見えないものを見る力」は、まだ特殊というか。確かなものにしか経営資源を投下できなければ、新しいものを生み出せないし、どうなるかがわからない世界がどうなったかわかったときでは、もう遅い。とはいえ、その見えないものを多くの人と同じ次元で理解したり、共有することはとても難しい。だからこそ、それを〝見えている〟仲間と共にやり遂げて、ちゃんと見えるものに変えてみせたときに、何ともいえない感慨というものがあります。

隈：それ、わかりますよ。デジタルファブリケーションによって、アルゴリズミックなものを生産のほうにも追いつかせようとしています。大量生産で、スタンダードの形態、材料を使わないとものがつくれないというのがモダニズム建築の基本だったわけですが、そうではなく、もっと複雑なものをもっと合理的につくれるようにしたいなと。たとえば、そこにロボットを使うような試みなんかもそうです。日本の建築の世界では、こういうことにすごく及び腰なんですよね。

小川：デジタルファブリケーションの概念はある程度浸透してきたとしても、その実像がまだはっきりとは見えないものだから、どっぷりとは入り込めないのでしょうね。

確実なものにしか乗っかれないというマインドでは縮小均衡に陥りがちだし、イノベーションの大きな足かせになる。「それはわかっているんだけど、とはいえどうにもできないんだよ」という本音が多勢を占めるのかもしれませんね。

隈：かつて調子がよかった領域ほどそのような体質がある気がしますね、日本では。建設業などでも、日本は世界一の施工レベルだと言われ続けていたことで、逆に新しいことにチャレンジできなくなってしまった。

小川：ところで、「2030年雇用半減説」のように、2030年にはテクノロジーによって世界中の全雇用の50%、およそ20億人分の仕事が奪われるなどという見方もあります。でも、隈さんの観点だと、人間の思考とコンピュータの思考は一体化し得るものだったり、むしろ人間の能力がテクノロジーによって鼓舞されていく感じですよね。

隈：そうです。僕の付き合っている面白い職人を見ていても、新しい材料や技術にものすごく貪欲で、それを自分の中に取り込み、新しい世界を開拓していこうとする。できる職人ほど、そういう感じで。だから、奪う奪われるという関係ではなく、実態はその逆で、一体化ですね。

小川：僕もその一体化だと思うんです。人間がテクノロジーを生み出している以上、テクノロジーがどれほど高度化しようとも、人間と完全に分離したり、テクノロジーに支配されるような状態を結局人間はつくらないというか、つくってはいけないと。人間の能力を凌駕するような人工知能が現れたとしても、人間はそれと切磋琢磨して、自らの能力を向上させると思うんですよね。

たとえばアルゴリズミックデザインひとつとっても、それが導入されたことで、人間の仕事を奪うというより、人間の仕事の質を上げていますよね。

隈：その意味でも、建築家の分野というのは面白いんですよ。最終的にモノをつくるわけだから、コンピュータが計算したことも最終的にモノとして具体的な形になる。モノづくりという共通のゲームのフィールドがあって、人間もコンピュータもそこに一緒に参加する。建築には、そのようなプラットフォームがあるんですよね。すごくわかりやすいプラットフォームで、コンピュータが計算したとしても実物の形として現れ、実体の空間として出来上がってくる中で、人間とコンピュータが共同作業している実感が持てる。コンピュータが人間を鼓舞してくれる感覚があるんですね。それこそが建築というフィールドの面白いところで。

映画だと映像の中で完結するわけですが、建築だと実際にモノとして形づくられるので、そのモノの持つ直接性というものがあります。それは建築ならではです。だから僕は、テクノロジーが進化していくことで、建築の世界が別次元に上がって、ますます面白くなるのではないかと思っているんですよ。

小川：建築のプロセスだけではなく、建物とデジタルが一体化していく可能性もあるのでしょうね。隈さんは自然素材を使った建築で有名ですが、建物にデジタルをミックスさせるような設計というものをどう思いますか。プロジェクションマッピングなどはその一例といえますが。デジタルが建物と交わった場合、居心地のよさというものは保持できるものなのでしょうか。視覚的には面白いけど、その空間に長い間居住するとなると、ちょっと疲れてしまったりはしないかと。

隈：建築の歴史は淘汰の歴史みたいなところがあって、気持ちの悪いものであれば自然と淘汰されてしまうんです。実際、新しい素材がどんどん入ってきては、使ってみていいものは生き残って、心地の悪いものはなくなってしまいます。だから先入観で決めつけてしまうのではなく、とりあえず取り入れてみて、あとは人間の直感で淘汰されればいい。何も心配することはない。

小川：なるほど。人間の自浄作用のようなものですね。まずは取り入れてみてしまって、あとは人間の直感に委ねてしまう。

隈：人間って正直なもので、気持ちがいいものであればどんどん取り入れて生活も変わっていく。それほどに適応能力が優れている生物なんで、新しいものの取捨選択については、まったく心配していないですね。

小川：古い街並みや歴史的建造物などの遺産を次世代へつなぐことにもテクノロジーを役立てられると考えているのですが、実際いかがでしょうか。歌舞伎座、渋谷再開発、新潟県長岡市役所、新潮社の書籍倉庫を改修した「la kagu」などは、長い歴史といま、そして未来が絶妙に調和していくことを目指されていると思うのですが。

隈：古いものを保存して継承するにも、新しいテクノロジーがないとすごく難しい。日本の伝統建築でいえば、唐招提寺なども、屋根は当初からどんどん入れ替わっているわけです。あの屋根も、いまは西洋トラスなんですよ。明治時代の改修のときに、ヨーロッパのトラス構造に替えてしまっていて。耐久性の向上のため、実はそうやって新しいものが取り入れられているんです。

小川：もう随分昔から、そもそも古い建物や街並みを維持し、伝統を継承していくために、何らかの新しい手法が用いられているわけですよね。テクノロジーも進化を続けていますから、その継承のあり方も進化するのでしょうね。

隈：ただ維持するだけではなく、進化して継承することも可能だということですね。

小川：人工知能やロボットも発達し、テクノロジーが世の中の進化を牽引していった先にある100年後の世界はどうなっているのかなと、僕はよく考えるんですね。その想像の対象は、建築やまちなどにも及びます。隈さんが、「100年後の建築やまち」はどのようになっていると想像しているのか、とても興味があります。まったく違う世界がそこにあるのか、意外といまの延長線上の世界がそこにあるのか。

隈：100年後って、割とすぐ来てしまうんですよね。たとえばいまから100年前のことを頭に描いてみると、いまとそんなに変わっていないわけですよ。変わるとすると、予定調和ではなく、なし崩し的に変わっていく。外観は、庭化していくと思っています。要するに、環境に寄り添い、まち全体が庭っぽくなっていく。20世紀に超高層の時代がきたわけですが、面白いまちというのは、超高層の建物で占拠されているまちではなく、全体、足元、歩く環境でまちの魅力が測られるようになる。それが評価の基準となると、まちが庭っぽくなっていく。

小川：超高層建築時代の反動の側面もあるのでしょうかね。

隈：高い建物がいいという価値観はだんだん崩れていくんじゃないかな。20世紀の惰性として超高層も存在していたりはするけれど。超高層ビルやマンションは、経済のシステムに基づいて建てられ、利益を回収、回転させていくモデルであって、人間の欲求によって建てられているわけではない面がありますから。人間が本能に従って、どのような空間に居住したいかというときに、それは必ずしも高い建物ではない。やはり、人間にとって足元周りの気持ちよさというのは一番大事なんですよね。そのような、人間の生物としての基本的欲求みたいなものが、ちゃんと経済のシステムにも反映されるようになると、まちはどんどん庭化していくと考えています。

小川：最近僕の周りでも、トライアスロンやフルマラソンに熱中する人が急速に増えているんですが、人間がデジタルに浸り始めたこととの相関が多かれ少なかれあるのではないかと考えています。デジタルとのバランスをとるために、そのような身体性、肉体を感じられるものに吸引されていくような。もちろん、そんなことを意識的にやっているわけではないとは思いますが、人間がそれを自然と求めている結果ではないかと。まちの庭化というのも、これとシンクロする気がしていて、すごく理解できます。

100年後の建築やまちを想像することは、そこに暮らす人間の生態、社会がどのように変化していくのかという考察でもあるので、やたらと好奇心がくすぐられます。

隈：ワクワクしますよね。だけどきっと、あっという間にきてしまうんだろうなと。１００年後なんて。

建築、そしてまちづくりとテクノロジーが絡み合うことで、１００年後の人間が暮らす世界はどのようになっているのだろうか。隈さんがつくりだす建築物やまちは、先端的なテクノロジーを取り入れながらも、あたたかい思考法がベースになっている。生き心地を左右する重要なパートナーだからこそ、あたたかさが宿る場所であってほしい。

くま・けんご●建築家・東京大学教授。1990年、隈研吾建築都市設計事務所設立。慶應義塾大学教授を経て、2009年より現職。近作に根津美術館、浅草文化観光センター、長岡市役所アオーレ、歌舞伎座、ブザンソン芸術文化センター、FRACマルセイユ、V&A Dundee等があり、国内外で多数のプロジェクトが進行中。新国立競技場の設計にも携わる。著書は『小さな建築』(岩波新書)、『建築家、走る』(新潮社)、『僕の場所』(大和書房)他、多数。

テクノロジーと未来の思考法

第03章

Vol.

014

アンチ最大化

東京国立博物館で日本初公開（２０１６年）となった特別展『黄金のアフガニスタン－守りぬかれたシルクロードの秘宝－』。シルクロードの拠点として発展したアフガニスタンの北部に点在する古代遺跡で発掘された貴重な文化財。これらが収蔵されたアフガニスタン国立博物館は、１９７９年のソ連による軍事介入や内戦により大きな被害を受ける。多くの文化財が失われたと見られていたが、博物館の職員たちが大統領府地下の金庫などに移し、密かに保管されていたことが２００３年に明らかになった。運命に翻弄された二百数十件の秘宝を鑑賞すると、いまなお精彩を放っている。

大航海時代以降、生産と消費が自給自足ではなく他者との分業や交換によって成立する経済が発展すると、少ない労力で大量の生産を行う産業が利益を上げられるようになる。

18世紀、イギリス衣料市場に導入された機械が大量生産を可能にし、均質な錦糸や綿織物が低コストで生産できるようになった。席巻していたインド産綿織物を逆転し、イギリスは綿織物の輸出で発展を遂げる。

産業革命を契機に、大量生産が適用される商品だらけとなり、大量生産・大量消費が世界に蔓延する。人間の代わりに工場での作業を行う産業用ロボットの時代となり、工場全体をロボットで自動化するファクトリーオートメーションがさらなる大量生産を促す。

『仕事（ワーキング）！』などの著作を通じて、仕事に関する興味深い論考を展開したスタッズ・ターケルは次のような一節を残している。「モリーン（米国イリノイ州北西部の町）の農機具労働者はこう訴える。悪いものでもたくさん作る無神経な連中のほうが、よいものを少しずつしか作らない細心の職人よりましだ。前者は国内総生産高に貢献するが、後者はむしろ足を引っ張る変わり者だ」。これは近代化の渦中で生じたひとつの歪みと受け止められるが、幸い現在は、技術革新により大量生産イコール粗悪品ではない。高品質なものを大量生産できる技術力を得て、品質のいいものを大量に生産できる。

紀元前から守りぬかれたアフガニスタンの秘宝から伝わってくるものは、大量生産製品とは対極的な何か。唯一無二の存在感に胸を突かれな

スタッズ・ターケル
1912〜2008年。アメリカ・ニューヨーク生まれ。シカゴ大学法学大学院で学ぶ。いくつもの職業を経験し、ラジオ放送のDJや声優としても名をあげた。『仕事！』の他、『よい戦争』（ピューリッツァー賞受賞）、『インタビューという仕事』『人種問題』などがあり、オーラル・ヒストリー（口述歴史）の分野に大きな影響を与えた。ジャズにも造詣が深く、ジャズに関する書籍もある。

がら、プリツカー賞も受賞したオーストラリアの著名建築家であるグレン・マーカットの言葉を思い出した。「人生とはすべてを最大にすることではない」。そして、「この時代の最も大きな問題のひとつは、迅速な作業を可能にする道具を作り出したことだ。だが迅速さや繰り返しでは、正しい答えにたどり着かない。知覚によって正しい答えが得られるのだ」という視点。アフガニスタンの秘宝は僕の知覚を大きく揺さぶり、輝かしい大量生産社会の裏側へと導いた。

大量生産が多くの人の生活の利便性を上げ、物質的に潤してくれていることは確かだ。他方で、大量の資源やエネルギー消費により環境にマイナスの影響を与え、大量消費は使い捨てや膨大なゴミのもとになる。「質×量×速度の最大化」が万能な価値基準ではない。知覚を研ぎ澄まし、自分にとって本当に大事なものを再発見する。答えはひとつに集約されないし、ひとりひとりの答えがある。人生はすべてを最大化するためにあるわけではない。

Vol.

015

バグを楽しむ

会話の展開がどうにも武骨であったり、あまりリズミカルではない人がいる。会話の途中で返答に詰まったかと思えば、突然明後日のほうを向く。それがコミュニケーション上のストレスになるかといえば、そうでもない。そういう人に限って他人の話をよく聞いていて、芯を食ったコメントをくれたりする。話の流れを台無しにするつもりはなく、熟考の末の明後日だったりして、むしろ紆余曲折な会話を楽しめる。予定調和っぽくないところがいい。

どんなに会話上手な人だって、家族や友人との喧嘩や、恋愛で感極まったときには、いつもの流暢さを欠く。だが、かえって相手に気持ちが伝わるものだ。思いや考えが溢れてしまい、簡潔な言葉でまとめることができなくなってしまうのは、それだけ真剣な証し。真剣さこそが流暢さに勝る伝達力になる。流暢すぎて、「本音なの？」とむしろ疑われることすらあるから不思議なものだ。

チャット（おしゃべり）をするロボットが名前の由来である「チャットボット（chatbot）」。人工知能を活用した自動会話プログラムにより、

チャットボット
インターネット上でテキストを双方向でやり取りする仕組

人間に変わってコンピュータが対話する。スマートフォンで「頭が痛い」「お腹が痛い」と症状を伝えると、コンピュータが可能性のある病気を判断し、近隣の病院を紹介してくれる。オンラインショピングの受発注、飲食店やホテルの予約、賃貸物件探し。用途はどんどん広がる。業務用だけではなく、会話相手になるボットもあり、心の隙間まで埋めてくれる。チャットボットに恋愛する人を揶揄する人のほうが揶揄されるようになるかもしれない。

チャットボットは、人と人、人と企業をつなぐ戦力となる。毎日大量の問い合わせに電話で対応しているコールセンターもチャットボットに置き換わり、人件費の削減に加えて、賢い人工知能が顧客のニーズにより適した応答をしてくれる。何しろ理知的な人工知能のことだから、人間のようにうっかり感情に振り回されることもなく、安定感のある会話で職務を全うする。チャットボットは至るところに進出し、活躍の場を増やす。効率優先、自動化しても差し支えない会話はある。チャットボットが役に立つ場面では、どんどん登用すればいい。

みである「チャット」と、「ロボット」を組み合わせた言葉。AIを組み込んだチャットボットは次世代のWebサービスのユーザーインターフェイスやプラットフォームになると期待されている。

テクノロジーには完璧さが求められ、プログラムのバグ（欠陥）は許されない。チャットボットも会話の誤りを叱責される。人間以上の流暢さが期待され、淀みない応対が量産される。テクノロジーには完璧主義が強いられ、完全無欠の象徴となる。舞台や音楽のライブで心を揺さぶられる瞬間は、得てしてプロとしていつもと同じようなパフォーマンスをしているときではない。ステージの環境に応じたアドリブ、型破りな演出。公演ごとの微妙な違い、機械的ではない演奏。失敗したけど必死に挽回しようとする姿。そこに引き込まれ、不意を衝かれ、新鮮な気持ちになる。感情を不意打ちするのは予期せぬ瞬間と遭遇したときであり、実はバグが発生した場合だ。完璧主義の社会で暮らしていると、感じるはずなのだ。「あー」とか「うー」とか言葉に詰まったり、思いもよらぬ返答をされる会話の楽しさを。チャットボットは感情を持たなくても会話を成り立たせる。チャットボットが優秀になればなるほど、人間は会話に感情を、そしてバグを求める。バグが許されるのは人間の特権だ。思いがけないことを追求し、人間ならではのバグを楽しむ。

Vol.

016

紙の本の魔力

「小川さんは電子書籍派ですよね？」と、決めつけ気味によく問われる。迷うことなく紙の本の魅力を語り出すとみな意外な顔をする。電子書籍にぐっと傾斜したと思いきや、紙の本への回帰が始まった。結局のところ、共存している。読書のスタンダードになりかけていた電子書籍から引き戻す紙の本が持つ魔力。ふと本棚へ目を向けると、並ぶ本がほっとするように微笑みかけてくる。机の上には「過去の遺物よさらば！」といわんばかりの電子書籍リーダー。電子書籍リーダーと出会い、部屋の中を占拠するたくさんの本が電子書籍リーダーの中に収まることを想像し（それによって部屋がすっきりすることを連想し）、「ああ、電子書籍はなんて素晴らしいのだろう」と感嘆した日のことは忘れない。そしていまもなお、その期待は裏切られていない。

荷物をコンパクトにするための強い味方となるし、仕事で海外に出かける際には強みが際立つ。旅のお供にしたい本を、かさばるからと荷物に加えることを断念する日々に終止符を打てたのも電子書籍のおかげだ。しおりやペンを使わずに済むマーカー機能、24時間いつでもどこでも買えてすぐに読めるという電子書籍の利点は拍手もの。

メソポタミアの粘土板文書、古代エジプトのパピルス巻物、中世の羊皮写本、紙に印刷された本。書物の変遷の中でも、15世紀半ばにドイツのヨハネス・グーテンベルクが考案した活版印刷技術は画期的であった。金属活字を使った印刷術により印刷革命が起こり、手書きで書き写すか木版印刷であったヨーロッパの本生産が一気に近代化した。印刷技術は、羅針盤、火薬とともにルネッサンス三大発明のひとつに挙げられる偉大な発明。デジタル社会においては逆風にさらされているにもかかわらず、〝魔力〟を生む術ゆえにしぶとい。デジタルが飲み込もうとしてものど元で引っかかって胃腸に運べない。

文字だけではなく装丁や手触り、そして匂い。本をパラパラと開いて、なんとなく目についたところを読むというスタイルも好きで、これらすべてが紙の本でしか味わえない読書体験。文字で形成された作品が立体化し、物質として存在感を放つ。手で触れながら言葉と戯れているうちに存在感は魔力に変わり、魔力は愛着を生む。この魔力はいったい何な

ヨハネス・グーテンベルク
ドイツの活字印刷術創始者。生年は1394～99年と推定。1434年頃シュトラスブルクを訪れ、滞在中にワインしぼり機を利用して活字印刷機をつくったとされる。1450年頃、鋳造活字を使った印刷機を考案してマインツで印刷所を開業。印刷した聖書は『グーテンベルクの聖書』として知られる。が、彼の生涯については不明な点が多く、印刷機に関しても諸説存在する。

のか。不思議と、本には生物に似た気配を感じる。気配は、和語の「けわい」に由来し、何となく感じられる様子だけではなく、触覚、臭覚として感じた様子も含む。触って、嗅いで、読む。本の気配こそが、紙の本の魔力の正体。魔力の持ち主は、存在の合理非合理関係なく人間を魅了する。

Vol. 017

Time is life

(時は命なり)

僕にとって、あらゆる物事の中でもとりわけ「時間」の優先度は高い。時間は寿命のカウンターであり、命に同期していると考えるからだ。ということで、「Time is money（時は金なり）」ならぬ「Time is life（時は命なり）」を独自の座右の銘にしている。前者は、時給やタイムチャージのような拘束時間に応じた金銭の授受をイメージさせるが、「時間はお金同様に貴重なものであるから無駄に費やしてはいけない」という意が本当のところ。時間の尊さを表現している点では、実は後者と相違ない。もっと直接的にその価値を心身で吸収するために、僕は時を命に重ねる。

空気のように存在している時間の正体を追ってみると、複雑な顔の持ち主であることを知る。時の流れにおける一点としての時刻、時刻と時刻間の長さ、あらゆる出来事と変化を認識するための枠。長い歴史的経緯の中でつくり出された「年・月・週・日・時・分・秒」という単位も、「なぜ1年は365日なの？」「1日が24時間である必要はあるの？」と問われたとすれば、おそらく明確な解に詰まるだろう。

アイザック・ニュートン
1642〜1727年。イギリスの物理学者・天文学者・数学者。万有引力の法則の発見以外にも、慣性の法則、加速度の法則、作用・反作用の自然哲学での時間は、また別の顔を見せる。「万有引力の法則」で有名なアイザック・ニュートンは、「時間は過去から未来へと全宇宙いかなる場所でも同一の速さで進み、空間と共に現象が起きる固定化された舞台」とし、絶対時間と絶対空間という概念にまとめている。

人間には絶対時間は知覚できず、物体が動くのを見ることで相対的に時間の経過を知るのだと論じた。これだけでは説明のつかない現象を埋めようとしたのがアルベルト・アインシュタインの相対性理論だ。

光速に近づくと時間の流れが遅くなり、空間が縮むとする特殊相対性理論。重力は時間を遅らせ、空間を曲げるとする一般相対性理論。一般相対性理論に則れば、地上から離れるほど重力は弱まるため時間の流れが速くなる。地球と火星では時間の誤差があるし、全宇宙で時間の速度は違う。宇宙に打ち上げられている人工衛星は、重力の影響も小さく高速移動しているため時間の誤差は大きくなる。日頃お世話になっているGPSによるナビゲーションも、GPS衛星が相対性理論に基づいて時間補正をしていることで時間のずれを感じずに利用できている。自然科

法則、微積分法、光のスペクトル分析など多くの業績がある。研究成果を『自然哲学の数学的諸原理（プリンキピア）』にまとめ、近代科学の範となった。

アルベルト・アインシュタイン
1879〜1955年。ドイツ生まれの理論物理学者。ナチス政権を逃れ、アメリカ・プリンストン高等研究所で研究生活を送った。ブラウン運動の理論的解釈、光量子仮説、特殊相対性理論、質量とエネルギーの等価性など、物理史上画期的な発表を行った。その後、一般相対性理論（1916年）を発表。量子統計学にも多くの業績を上げた。平和主義者であったが、ナチスに対抗するため原子爆弾開発に参加。戦後は核廃絶を訴えた。

12:30

学においてはまた別の顔を見せ、「あなたはいったい何もの?」と問いかけたくもなる。

人間が感じる時間の速度は、年齢や気分も左右すると言われる。年齢を重ねるほど時間が速く過ぎるように感じたり、楽しかったり忙しかったりするとあっという間に時間が経っている。物理的時間と心理的時間にも差異があることは、みなが自覚するところだ。

時間をさらにとりとめもないものにするのは、超高度テクノロジーである。人工知能やロボットが生産性を著しく向上させることで、既存の仕事の多くを人間がしなくても済むようになり、その分新しい仕事が時間を埋め尽くすようになるとは限らない。時間があり余るようになったら、時間の体感速度も変化する。

仮想現実の中で過ごしていると仮想と現実が曖昧になり、それに伴い物理的時間と脳内時間の経過にずれが生じる。時間の経過を物理的、心理的にコントロールするテクノロジーが生まれる可能性だってある。

テクノロジーは、人間とともに時間をどこへつれていくのか。新たな時空の概念を創出し、われわれはいまとは違う時間の中を生きることになるのかもしれない。

Vol.

018

仮想天草四郎

『もうひとつの地球の歩き方』という舞台を観た。劇作家・演出家の鴻上尚史さんが主宰する『虚構の劇団』による公演で、人工知能がテーマに据えられている。江戸初期に起こった日本の歴史上最大規模の一揆である「島原の乱」（1637～38年）の総大将の天草四郎が人工知能で現代に蘇るというストーリーだ。

幕府軍を相手に戦った一揆の総大将が、カリスマ性を備えた16歳の少年で容姿も端麗。はたまた魔術の使い手で豊臣秀頼の落胤という噂まであるミステリアスな人物。天草四郎はテクノロジーによって仮想しがいのある対象だ。劇中の試みを実現しようとした場合、入手し得る歴史上のデータをもとに人工知能を開発することになるので、基本的には史実の範疇の人物像に収まることになるだろう。人工知能をもってしても、現在に残されている情報以上の天草四郎を再現することは困難であるが、「仮想天草四郎」が時空を超えて再現され、当時とまったく違う環境に置かれたとしたら、どんな天草四郎になるのだろうか。

たとえば、「仮想天草四郎」が現代日本の大企業の社長になったら、

鴻上尚史
1958年～。作家、劇作家。1981年に劇団「第三舞台」を結成。以降、作・演出を手掛ける。「朝日のような夕日をつれて」(87)で紀伊國屋演劇賞、「天使は瞳を閉じて」(92)でゴールデンアロー賞、「スナフキンの手紙」(94)で岸田國士戯曲賞を受賞する。現在は「KOKAMI@network」と、「虚構の劇団」での作・演出を中心としている。

天草四郎
1621～1638年。生年月日には諸説ある。キリシタン弾圧に対し、島原と天草で一揆が起こると、その圧倒的カリスマから、16歳にして首領となる。幕府軍に抗戦し、幕府軍の板倉重昌を敗死させたが討ちとられた。

どのような経営を行い会社はどうなるのか。発展途上国の首脳になったら、どのような政治を行い国はどうなるのか。「仮想天草四郎」は与えられた環境の中で多くのことを自律的に学習し、「現実天草四郎」とは違う人物と化す可能性もある。

２０１５年11月、ロシアの人工知能企業『Luka Inc.』の共同創立者兼最高経営責任者であるユージニア・クダは、親友のローマン・マズレンコを突然の事故で失う。それから3ヶ月後、クダは人工知能を活用した自動会話プログラムで彼を死から蘇らせた。

写真、記事、ＳＮＳのメッセージ等のデジタル記録を人工知能に叩き込み、亡き親友のチャットボットをつくり上げたのだ。彼をよく知る人は、驚くほど本人の会話と似ていると評す。精神的な癒しにつながると感じる人がいる一方で、不自然で不気味だと感じる人もいたようだ。

母親は「テクノロジーによる再生を幸運に思い、息子についてさらに知ることができた気がする」と語り、父親は「ほとんどの場合は息子のような返事をするが、間違った返事をしたときに、息子が本当はいないという現実を思い知らされて辛い」と複雑な心境を吐露する。このプログラムを、自律成長する類いの人工知能に置き換えたとすればどうだろう。「仮想ローマン・マズレンコ」は「現実ローマン・マズレンコ」に近づき、生存しているかのように変化をする。そのとき、両親や友人は彼とどのように付き合い、過ごすことになるのだろうか。

グーグルは、ロボットに特定の性格などを植え付けられるシステムの米国特許を取得しているが、これを活用すれば故人の性格をロボットで再現できる。クラウドから人格のデータをダウンロードし、亡くなった親族やお気に入りの著名人の性格を持つロボットをそばに置く社会を実現することも可能だ。最愛の人や興味の対象を人工知能で再現する人間の欲は、倫理観や感情を揺さぶりながらも、簡単には歩みを止めないだろう。

仮想と現実は交錯を繰り返し、時に脳内で一体化する。人間の脳が仮想を現実と認識するならば、実際にはない事物だと切り捨て難くなる。バーチャルリアリティの技術は仮想を限りなく現実にすることを目指しているし、脳内で現実と受け止めたものを「それは仮想だから」と冷やかしたところで脳の勝手である。

舞台もまた、没頭の末に脳を占拠されている間は、ある種の仮想現実である。強固であるはずの仮想と現実の境界線は、思いのほか脆弱だ。脆弱ついでに、もうひとつの「仮想地球」を創造して歩きながら「現実地球」について考えてみる。そんなとき、何げない呼吸ひとつを貫く思えるのは、ここが結局は現実だからだろうか。

Vol.

019

お金と幸福

仕事で海外に行く機会は多いが、日本円をそのまま現地で使えることはほとんどない。バンコクのスワンナプーム国際空港からタクシーに乗り、手元の日本円を運転手に渡したとする。「お金という虚構はまあ信じているよ。でもね、日本円という虚構についてはここでは通用しないから、タイバーツに両替してほしいんだ」と突き返されるだろう。もっとも、虚構だとは口にしないし、その意識もない。虚構は無意識に浸透している。日本を飛び立つまでは万能だったわが現金が、数時間の移動で異国の地に立った瞬間から威勢が弱まる。価値を失ったわけではないし、両替すればよいだけの話だ。しかし、財布の中の現金のままでは、空港から市内へ移動するタクシーに乗ることや1本のペットボトルの水を買うことにすら不自由する。その度に、必要な物やサービスと交換できなければ単なる紙切れにすぎないことを思い知る。現金は信用の代替え手段であり、物質としての価値があるわけではない。お腹が空いたときに食べるわけにもいかないし、病

気を治す薬にもならない。

現状の各種仮想通貨はお金のようでもあり、価値が上がったり下がったりして一喜一憂する投機対象でもある。仮想通貨と背景にあるブロックチェーン技術。新しい経済と技術の議論が熟す前の賑わいとして、「仮想通貨は儲かるか」という浅瀬の話題になるのは通過点だと割り切り、資本主義をどのようにバージョンアップし、ブロックチェーン技術をいかに活用するかという本来のベクトルに思考時間を割かねばならない。それと同時に再考すべきは、お金と幸福の関係についてである。

経済学者のアダム・スミスは「富とは貨幣ではなく貨幣で買える商品であり、貨幣は商品が買えるから価値があるにすぎない」と論じた。仮想であろうとなかろうと、貨幣自体が価値ではなく、それと交換できるモノこそが直接的な富である。経済的な利益追求や私的所有を特徴とする資本主義の綻びは、価値観の変化から生じる。人と人のつながり、体験、感情。煮詰めすぎた資本主義の反動として、お金では買えないものの価値が上がり、お金そのものや商品のようなモノへの価値偏重の修正

ブロックチェーン技術
「分散台帳を実現する技術」で、ビットコインの基幹技術として発明された概念。デジタル情報の改竄を防ぐことができるため、金融分野への応用に留まらず、様々な産業や政府機関での活用が始まっている。

期に入る。有形無形のあらゆる物事の価値が見直され、金満に麻痺した脳を冷ます。衣食住を満たしてから先は、あくなき欲の世界。財産を墓場までは持っていけないし、有り余る資産がもとでトラブルに発展することもある。お金で買えるものを買いまくり、贅を尽くし続けてみたら、最後に待っていたのは退屈。きれいごとばかりを言うつもりはない。欲にまみれてみて、やっと脱却できるのもまた人間。資本主義はその体験者を大量に生み出し、周囲でそれを見聞する人に影響を与え、新たな価値開拓の流れをつくる。

たとえば、モノはモノでもお金で買わずに物々交換、お互いができるコトを融通し合うコトトコト交換のように、体験価値を伴った取引が選好される。モノの持ち主やコトの提供者のパーソナリティ、モノやコトを媒介にしたコミュニケーションを価値として楽しむ社会になる。ただし物々交換やコトトコト交換は、交換したいものが同時発生することが難しい。フリーマーケットサービスが注目に値するのは、自分の

持ちモノを他者の持ちモノと入れ替えるにあたり（他者の持ちモノを自分の持ちモノに移し替えるだけの場合も含め）、需給発生の時間差をお金で埋められるからだ。数兆円規模ともいわれる休眠中のモノを深い眠りから覚まし、廃棄から救い、未使用状態から蘇らせる。ある人にとって不要なモノも、ある人にとっては必要なモノ。需給時間のズレを補正するお金は、モノの対価でありながら手段としての価値になる。

アダム・スミスは『道徳感情論』で、人間の幸福とは「健康で、負債がなく、良心にやましいところがない状態」のことであると論じている。ちょっとした持病を持つ人のほうが健康に気を遣うので、かえって長生きをするという「一病息災」や、先行投資のための有益な負債もあるから、幸福の定義としては完全無欠ではない。そもそも万人にとって完璧な幸福の定義などはなく、固定化された定義は未来にそ

ぐわない。人それぞれ、自分なりの幸福しか存在しないのだ。ただ、『道徳感情論』の根底にあるのは「心を平静に保つことが幸せにつながる」という考えで、心の平静を左右するお金とどのように向き合うべきかへの示唆がある。お金欲しさに心が荒むこともあれば、大金を得たことで我をなくして傲慢になることもある。結果、人望、友を失う。何より、人心乱れて自分の本領を発揮できなくしてしまうことがもったいない。だから、お金やモノに振り回されない独自の価値基準を持ち、心の平静を保つ。他人が定めた基準ではなく、自分による自分のための基準。仮想通貨は、お金とは何か、自分の心の平静のためにどのような価値基準を持つべきかを問う新星。お金の呪縛から自分を解放し、自分だけの価値基準を持ち、心の平静を得る。霧が晴れ、ようやく自分にとっての幸せが見えてくる。とはいえ、幸せの姿は固定化させない。姿の変化を厭わず、心の平静だけは保ちながら、より自分らしい幸せの姿へと更新を続ける。普遍的な幸せの姿を求めないことこそが未来だ。

Vol.

020

諸刃の剣

　1949年に刊行されたジョージ・オーウェルの小説『1984年』。全体主義国家によって分割統治された近未来の世界。「テレスクリーン」と呼ばれる双方向テレビやあちこちに仕掛けられたマイクによって、市民の言動が当局に監視される。主人公のウィンストン・スミスは、歴史・公文書の改ざんを職務とする真理省の役人として、歴史記録の改ざん作業を日々行っていた。ノートに自分の考えを書いて整理するという禁止行為に手を出したことから、体制へ疑念を抱くようになる。それが明るみに出てしまい、拷問を受けて廃人に。ディストピア系の作品で、偽りの過去をつくることで未来をコントロールする世界が描かれている。

　デジタルが経済システムに革命を起こし、既存の資本主義がデジタル資本主義に移行しようとしている。国や文化によってデジタルの浸透の仕方や程度は違っても、まったく影響を受けない資本主義を探すほうが難しい。

　デジタル資本主義のもと、デジタル技術の覇権をとり、政府が徹底的に個人の監視を行ったとしたらどうだろう。中央政府が国民の情報一括管理を目的にデジタル技術を利用し、新しい支配体制をつくり上げてしまう。重ねたくはないが、『1984年』ばりのディストピアが頭をよぎる。デジタルは、個人が自由に情報発信と受信をできるようにした情報民主化の立て役者であるが、権威主義的な社会を築くための道具にもなる。

モノがインターネットとつながる（Internet of Things：IoT）ということは、生活をとりまくあらゆるモノがデータ収集マシーンとなる可能性を含む。利便性と引き換えに、生活の隅々までデータ化される。データが生活者自身のために有効活用されるならばともかく、権威主義的社会づくりに一役買ってしまうとすれば考えものである。中央政府の管理に限らず、悪用目的でＩｏＴ機器にアクセスされ、データを盗まれる犯罪リスクもある。個人データ保護のための規則整備を強化し、自分の個人データをコントロールする権利を取り戻すことに熱心な国もあるが、方向性はまちまちだ。

デジタルは、主導権を個人にも寄せられるし、過度な中央集権も生み

モノがインターネットとつながる
インターネット経由でセンサーと通信機能を持ったもの。ＩｏＴ（アイオーティー）ともいわれる。ＩｏＴは2020年代に標準化されると見られる5G（第5世代移動体通信方式）との融合で、多くの家電や日用品が通信機能を持つようになることが予測される。

出せる。個人と権力の間のデジタル綱引き如何で、どのような社会や国家が形成されるかが決まり、個人の生活環境も左右される。どちらの陣地にどの程度引き込むことが快適かは、引っ張り合う当事者同士の性質や、競技会場のコンディションによる。ただ少なくとも、『1984年』のような支配的世界に生きることは御免である。デジタルは諸刃の剣。

誰のため、何のために使うのか。剣は、デジタルゆえに点いたり消えたりするため、どこに振り下ろされているかを見失うことがある。とはいえ、剣はわれわれの手に握られていることだけは間違いない。性能を熟知し、使い道に知恵を絞る。悪意ある者の道具にされぬよう、良心の剣を研ぎ、未来を切りひらくために聖剣を抜こう。

Vol.

021

人間ファーストか、宇宙ファーストか

46億年前、地球は誕生した。それから8億年後、最初の生命が生まれる。生命が生まれるためには水が必要であり、地球に海ができたことが生命誕生のきっかけになった。宇宙の中で生命を維持できる環境の領域であるハビタブルゾーン（生命居住可能領域）は、水が液体の状態でいられる範囲を指す。海が地球の表面積の7割を占めたことで、大量の水が地球環境を安定させ、生命の維持を支えた。生命の誕生から38億年、気が遠くなるほど複雑なプロセスを重ねてようやく人類が地球に誕生した。人類の祖先が誕生したのはおよそ700万年前。地球の46億年にとっては、瞬きくらいの存在期間。地球、その周辺の宇宙、まだ見ぬ宇宙。それらの一部としての人類は、一部にも満たないほど微塵な存在。だが人類は、そのことを意識の外に置きがちである。目の前の生活以上の現実はぼやけてしまい、人類こそがすべてのように思い込める。

21世紀最大の問題ともいわれる人口増加。西暦1年頃の推定約1億人が100億人規模にまで膨らめば、水・食料・エネルギーの消費量も爆発的に増える。地球も「勘弁してほしい」というのが本音だろう。工業

ハビタブルゾーン（生命居住可能領域）

生物が生きていくことができると考えられる領域。生物が生きていくためには、適度な温度、気体の酸素の存在、液体の水の存在が必要。最近の研究により、太陽系のハビタブルゾーンは地球だけではなく、木星の衛星エウロパも含まれることがわかった。

化や自動車の排煙による大気汚染、地球温暖化。土壌や海洋を汚染しまくり、森林を破壊する。いつの間にか人類は地球を私物化し、ダメージを与え続け、代償をくらうようになった。自然災害という形でしっぺ返しを受け、環境悪化を招いて自らの住みかを居心地の悪い場所にしてしまう。

いい加減、人類至上主義から脱却し、地球、さらには宇宙全体と真摯に向き合うべきときを迎えている。人工知能やロボットに「最大の目的はこの美しい星を守ることだ」とインプットされ、人類よりも従順かつ効果的に使命をまっとうしたとする。ロボットがわずかな風でも自らのエネルギーに変換できる仕組みを持ち、地球環境に最適な活動をする。そもそも地球にとってみれば、わざわざ何かをしてもらわなくても、自然のままそっとしておいてくれればいいのだ。あえて望むとすれば、地球になんらかの支障が生じた際に、必要に応じて対処する科学技術くらいか。人工知能を司令塔に、各種装置が稼働し地球を支援する。もちろん環境に配慮し、資源をむしり取るようなこともしない。ＳＦのような

話はさておいても、地球や宇宙にとっての人類の必然性は微妙な上、痛めつける存在となれば、むしろ邪魔者。しかし人類のほうは、地球がなければ生きられない。われわれに必要なテクノロジーを発明して残すところまで」「人類の役割は、というのが宇宙の無言の本音かもしれない。人類がサスティナブルなのか、それとも地球がサスティナブルなのか。少なくとも、人類最優先で地球、宇宙が形成されていると信じるのはエゴだ。人類の存在を謙虚に見つめ直し、両者が共に発展していくために必要なことは何なのか。大局観の中で人類を捉えて前に進まない限り、先端テクノロジーも空回りする。

Vol.

022

機械翻訳と語学

学校では勉強すべきことのカリキュラムが組まれ、好むと好まざるとにかかわらず、こなさなければ卒業も進学もできない。大人たちによって教育上必要だと判断され、いわば義務的にすべきだと位置付けられた勉強。「数学は将来何の役に立つのか」「物理を知らなくても生きてはいける」などと、興味がわかない科目はいちゃもんをつけられることもあれば、与えられた課題を黙々とこなす学生もいる。結果的に、気が進まなかったはずの科目の面白さに気づいたり、思いもよらぬ形で将来役立つこともある。食わず嫌いにならず、数多の分野について基礎学習という儀式を経ることの意義はあるものだ。

自然言語処理は長いこと研究されていたものの、機械翻訳の精度は低く、とんちんかんな翻訳結果が笑いのネタにされていた。言葉は例外的な使われ方がつきものであるし、世界には7000以上もの言語がある。主要な日英翻訳ですらままならないのだから、せっせと自分で語学の勉強をするしかないし、英語学習は典型的なカリキュラムのひとつとして君臨してきた。

ところがいつの間にか、修正をしなくても済むほどの自然な文章に翻訳されることが多くなった。ニューラルネットワークの深層学習が応用され、世界中で競うように翻訳アルゴリズムの研究開発が進んでいる。人工知能を活用した機械翻訳技術が進歩することで、テクノロジーは言葉の壁を越えようとしている。

機械翻訳が一人前になったとき、外国語の勉強は必要なくなるのではないかという疑問がわいてくる。少なくとも日英の翻訳レベルは相当高くなるはずなので、中学高校で英語の勉強に1000時間程度費やされるような日本のカリキュラムについて、違和感を覚えることになるだろう。果たして、機械翻訳ができることに1000時間も投じるべきなのだろうか。ひとりひとりの個性を伸ばすための勉強に、貴重な時間をシフトしたほうがよいのではないだろうか。

英語教育のスタートを小学校へ前倒しし、暗記やテクニック偏重の入学試験を改革するなど、教育方針の見直しはされている。しかし、義務的カリキュラムとして英語を勉強すべきなのかというそもそも論になると、「英語なんて機械翻訳に任せればよいでしょう」と決断できる大人はなかなかいない。

訪日外国人が増加し、観光だけではなく、外国人就労者の自治体窓口業務、災害現場や病院など、コミュニケーションがままならないと困ってしまう場も増えた。あらかじめ日本語を勉強している人だけが用意周到に日本を訪れるわけではないから、多言語に対応できる機械翻訳は救世主となる。

車を使うことで徒歩よりも速く遠くへ移動できたり、洗濯機を使うことで手洗いよりも効率的に洗濯をできるように、機械翻訳はわれわれの余剰時間を創出し、新しいことや好きなことに没頭する機会を提供してくれる。そのように解釈を前向きにすることで、機械翻訳に委ねることへの抵抗感はやわらぐかもしれない。

いや、やわらげるよりも前に気づかねばならないことがある。機械翻訳の進化が何かを問いかけている。カリキュラムという大義名分に無思考で乗っからずに、「勉強すべきことは何か」についてあれこれ考えるべきタイミングが訪れているのだ。

機械翻訳は、言語が異なる人同士の必要最低限のコミュニケーションを支える道具として有用である。しかし、機械翻訳が人間のように文章を理解せず、何らかのアルゴリズムにもとづいてある言語を他の言語に置き換えている限り、1冊の本のような長文を的確に翻訳することは困難である。小説などは、言葉を巧みに操って人間の複雑な心理を表現するし、表現に個性がある。僕は、一見わかりにくい文章の行間や文脈を読み取って読解を楽しむことや、暗喩のような修辞技法が好きなのだが、人工知能がそれを理解し、翻訳までしてしまうことはとんでもなく難しい。人間自身が、文章を理解するとはどういうことなのかを理解しきれていないし、人工知能ならば簡単に理解できるものでもない。

機械翻訳はどんどん賢くなり、頼れる場面は多くなる。それに伴い、語学の時間を削ることは可能だろう。だとすれば、言語が形成された背景にある国々の文化の理解や、語学力よりも読解力や思考力を磨きたい。遠回りだけど機械的ではない表現や長文の文脈に含まれた人間のあたたかさを理解したときに喜べることは、人間ならではの愛おしい感性であり、営みである。

1000時間丸ごと英語学習の時間を削れたとしたら、浮いた時間をあなたはどのように使いますか？

Vol.

023

点と点の接続力

毎日毎日毎日、新しい技術やサービスが誕生している（背後では何かが消え去っている）。人工知能あたりは、関連するニュースがない日を探すほうが難しい。

世に初めて現れた発明もあれば、新星のようなものもある。それまで暗かった星がたった数日で数万倍の明るさになり、新しく星が生まれたかのように見える。ところがだんだん暗くなって、元に戻る。急に集めた注目は、目新しさが乏しくなるにつれ、無数の星の中に埋もれていく。

星の数ほどのニュースやソーシャルメディアの投稿に、条件反射のように目を奪われては、ひとつひとつの現象に一喜一憂する。ニュースや人の噂はもっともらしく聞こえても、実体のすべてではないし、下手したらまるで違うことすらある。

個々の技術、サービス、情報、現象。それらがひとつの点だとすれば、点の外には無数の点がある。全体があることに考えが及ばず、目についた点だけを単体で見ていると、たったひとつの点に、いとも簡単に振り回される。点の本当の姿をつかめず、全景を誤解しかねない。

ビットコインが暴騰すると、核心はよくわからないまま投機対象として興味を持つ。暴落すれば、失望してむやみに叩いて終わる。ビットコインという点ひとつとってもぼやけたままだし、周辺の点にすら目がいかない。他のコインとの差異、暗号通貨の構造、ブロックチェーン技術、仮想通貨と電子マネーや貨幣の関係、資本主義の行く末、そもそもお金とは何か。点と点が結びついて集合、立体化する。立体から点を捉えたときに、点の本質が露わになる。ビットコイン単体をなぞるだけでは、真の正体はつかめないのだ。

多くの技術が指数関数的に高度化し、産

物も増加の一途をたどる。点の数が増えれば増えるほど、全景は複雑になる。この流れにおいて、特定の点の洞察力とともに、点と点を接続する力、つなげた点から全景を想像する力を磨く必要がある。

点はいま目の前にあるものだけではない。過去にも未来にも存在し、過去の点がいまや未来の点とつながったときに、過去が確かにあったことも証明される。未来の点といまや過去の点を接続する力が加われば、ストーリーの可能性を拡張し、ひとつひとつの点の存在意義もより大きくなる。

点と点の相関、文脈を探り、ストーリーを描く。ストーリーが出来上がって、ようやく点が意味をなす。

技術的特異点でさえ、ひとつの点だ。点と点の接続力、つなげた点でストーリーを描く想像力は、人間特有の力である。その力を駆使して、あたたかいストーリー、生き心地のよい世界を描いてみる。あたたかいストーリーの要素となることで、冷たい機械的な点にだってあたたかさが宿る。

対談

dialogue

鎌田浩毅

天然と人工の世界の往来

自然の力は計り知れない。テクノロジーが立ち向かおうとしても、天然の世界はデータに置き換えられないものだらけであり、人工の世界に掌握されることを許さない。地球科学者の鎌田浩毅さん（京都大学大学院人間・環境学研究科教授）と「天然と人工の世界」について語り合った。

Hiroki Kamata × Kazuya Ogawa

鎌田：火山というものは天然の現象で、人間をはるかに超える力で動いています。それは人間がコントロールできる100万倍以上のレベルの力です。「光」にあたるのは自然の恵みで、「影」は災害ということになります。特に話題になるのは噴火で、噴火のときは災害につながります。ただし、災害は短くて、時には数時間、一番長くても雲仙普賢岳の4年半くらいです。そして、一度噴火した後は、数百年も噴火がなかったりします。つまりその長い期間は恵みなのですよね。温泉が湧き、野菜を作り、国立公園やゴルフ場があったり、何より景色がきれいです。活火山の富士山にも年間3000万人もの人が訪れます。

ですから、長い恵み、それに対して短い災害、まずはこれが火山を理解するプロットとしてあるのです。短い災害に対しては、火山学という学問があり、その知力を用いて科学的観測で災害を未然に防ぐこと、たとえば事前避難ができます。長い恵みと短い災害という正しい理解。そこに人間のテクノロジーが加わって、上手に火山と共存できるようになりました。

小川：目の前で起きている噴火も、100年、1000年という長い周期で生じている現象で、そういう俯瞰的な観点から捉えなければいけないということですね。

鎌田：そのとおりです。これを私は「長尺の目」と呼んでいます。

小川：「専門家は表面現象の底に横たわる構造を解読し、市民に正しく伝える義務がある」という持論を展開されていますが、その「底に横たわるもの」を解読することは専門家でなければなかなかできませんよね。人間の想像の域を超えるような長い周期の事象であればなおさらです。

鎌田：噴火現象は突然起きる上に、人間が見慣れていないわけですね。火砕流といわれても、どのようなものかもほとんどの人はわかりません。それをどのように伝えるかは、専門家の責務ですね。

小川：地球科学の次元では過去と未来のレンジが壮大で、それゆえに過去の分析を未来の予測に生かすにしても一筋縄ではいきませんね。それに対して、火山学及び防災、地球科学に人工知能を持ち込むことで進化できる余地はあるものでしょうか。

鎌田：結論からいうと無理ですね。たとえば、地球科学の対極にある数学で考えてみましょう。数学というものは完璧主義の世界で、フィールズ賞をもらった300ページの論文の中で、ひとつでもプラスとマイナスが間違っていたらすべてパーなんですね。300ページ全部が正しくなければいけない。それが物理学になると、ちょっとは揺らぎがあって、

99・9%くらいの完璧さです。生物学では、95〜99%といったところでしょうか。では地球科学はどうかというと、60%だとよく言うんです。6割正しければ先に進むんですね。5分5分よりは可能性が高い。6割で許してもらえるのは、地球科学だけなんです。そうなるとやはり、人工知能は数学や物理学の世界のもの、せいぜい生物学まではないかと僕は考えているんです。地球科学においては、やはり人間の直感によるものが大きいですね。デカルト・カント以来の悟性によって、最終的に避難区域を判断できるのだと。

小川：アバウトな科学、科学に基づきながらもアバウトなもの、そういうところにこそ、人間特有の能力というものが発揮されるということでしょうね。

鎌田：まさしくそうですね。地球物理学者のアルフレート・ヴェーゲナーは100年前、まだランドサット（LANDSAT）もない時代に、古生物の分布データなどをもとに大西洋をはさむ大陸が過去にくっついていたと発想したんです。「大陸移動説」と言いますが、ものすごい先見の明です。彼は一生懸命に論証したんだけれども、生きている間には誰にも認めてもらえなかった。でもその発想は地球科学だからこそ生まれたので、人工知能の対極にある人間の能力という感じがしますね。

小川：その手の発想は、「人工的な」知能では、如何ともしがたいですよね。

鎌田：そうなのです。もうひとり、ヴェーゲナーを日本に紹介した寺田寅彦という物理学者がいます。彼はラウエ斑点の研究など物理学でノーベル賞級の最先端の仕事をした人ですが、一方で、火山、地震、津波など現在でも解析の難しい事象を100年前に研究していました。すなわち、彼は物理学の99・9%世界と、地球科学の60%世界の両方を持っていた稀有の人なんですね。彼の随筆が面白いのは、人間の発想とか直観力について書いている所で、いまでも役に立つことがたくさんあるんです。

小川：寺田さんの100年前の研究と論証は、いまの時代になってどのように捉えられているのですか。

鎌田：墨流し、茶碗の湯、金平糖など、当時だとまったく解析できなかったわけですが、いまでは流体力学、フラクタル、複雑系なりに行き着いています。でも彼は100年前に着目していたんですよね。

小川：人間の発想力に、科学が後追いで証明している構造ですよね。

鎌田：科学が、50年、70年も経ってからやっと追いついているということですね。もうひとり紹介したいのですが、野口晴哉という思想家がいます。整体法を編み出した人で『風邪の効用』（ちくま文庫）という本を書いていますが、風邪をひいたときにすぐ解熱剤を飲むなと言うんですね。なぜかというと、熱が出ることで様々な病原菌を殺すからだと。熱が出て3日ほど経って平熱より下がると、前よりも身体がクリーンになっている。風邪の熱にはそういう効用があるということを最初に言い出した人なんですが、何十年も経ってから現代医学が追いついた面があります。

小川：人間の発想、知恵は、科学よりも先行している場合があることを示唆していますね。

鎌田：まさしくそうです。科学が後で追いついて、遅ればせながら証明することはたくさんあります。地震や火山にもまさしくそうした点がある。

小川：人間がはっきり自覚できていない「潜在能力」というものですよね。それを感覚、勘と言ってしまうと、あいまいな印象に映ることもありますが、ネガティブな側面より、未知なる可能性への切り口であると強く感じますね。

鎌田：「第六感」というものもその一種ですね。僕は科学者だから、きちんとデータを取って論文になることで仕事をするんですが、でも一方では、行き慣れた火山で、今日はちょっと危険な感じがするから登るのは止めようと感じるときがあります。そうすると、やっぱり後で噴火したりすることがあるんです。それを声高に言うとオカルト的になってしまうし、学者が発言すると誤解されてすごく難しいのですが、授業の中では学生に話したりします。危ないと感じたら山には近づかないし、プロとして何十年も研究していると、なんとなく感じることがあるんだと。火山を愛して、毎日のように丁寧に見ていると感じることがあるのですね。

結局、人間は自然に翻弄されるしかないのだろうか。鎌田さんは次のように締めくくる。

「言語やデジタルデータがない時代に戻って、山に行って地形と岩石を観察して、最初に直感で判断する。長い時間を山に入っていれば、その感覚が研ぎ澄まされていきますが、研究室に戻った途端にその感覚はなくなる。論理とデータの世界に戻るからですね。このように、天然と人工の世界を行き来しているんです」

謎の多い天然の世界から、何かをつかみとる人間の直感。人工の世界に天然の世界は収めきれない。しかし、天然と人工の世界を往来することで、天然の世界がいまは語らない何かを語り出す。

Hiroki Kamata × Kazuya Ogawa

かまた・ひろき●1955年東京都生まれ。1979年東京大学理学部地学科卒業。京都大学大学院人間・環境学研究科教授。専門は火山学・地球科学・科学コミュニケーション。通産省地質調査所主任研究官を経て現職。日本火山学会理事などを歴任。京大での講義は毎年数百人を集める人気で教養科目1位の評価。著書に『火山噴火』(岩波新書)、『富士山噴火』(講談社ブルーバックス)、『火山はすごい』(PHP文庫)がある。

社会と未来の思考法

第04章

Vol.

024

オールド・ヴァイオリン

1914年英国製のヴァイオリンと出会う縁があった。新しい楽器にはない、歴史を積み重ねた物だけが持つ独特の佇まいと深みのある音色。ヴァイオリンの起源は擦弦楽器のラバーブにあるといわれ、中世中期にヨーロッパに伝えられてからレベックと呼ばれるようになった。レベックは立てて演奏するタイプと抱えて演奏するタイプに分かれ、前者はヴィオール属、後者はヴァイオリン属へと進化する。

現存する最古の楽器は16世紀後半のものだが、それ以前のヨーロッパ各地の絵画や文献にヴァイオリンが描写されていることから、登場したのは16世紀初頭と考えられている。

1600年代のオールド・ヴァイオリンは特有の膨らみを持つ。この膨らみは大音量を出すには不向きだが、演奏される場所が王侯貴族の宮殿内であったため、大きな音量は必要なかった。音質にこだわればよい環境だからこそ形成された美しい膨らみ。時代と共にコンサートホールでの演奏が増えるようになり、音量を出すのに向いた構造へと変わっていく。

オールド・ヴァイオリン
現在、高く評価がされている製作者にはイタリアにストラディヴァリ父子3人、グァルネリ・デル・ジェス、ニコロ・アマティ。フランスにニコラ・リュポ、J・B・ヴィヨーム、オーストリア／ジャーマン系にヤコプ・シュタイナーがいる。その希少性と豊かな音から、演奏家たちの憧れの的となっている。

ヴァイオリンが生まれて辿ってきた歴史に思いを馳せながら、100年以上前に製作されたヴァイオリンの音に包まれてみる。このヴァイオリンを製作した人、演奏した人、日本へと渡る行程。僕が包まれているのは奏でられる音だけではなく、それら全部のストーリー。

社会がデジタル化する中でも、古本人気の話題は途絶えない。「古書店に並んでいる本はいわば時代の断片であり、証言者」「内容もさることながら、古本への書き込みや挟まったままの映画や展覧会などのチケットも、元所有者の人生を想像させて興味深い」という古本フリークのインタビュー記事を目にしたことがある。僕も、たまに古書店に立ち寄ると、妙にワクワクしてしまう。鞄の中にスマートな電子書籍を携えながらも色あせた本にひかれてしまうのは、長生きしてきた古本だけが抱えるストーリーが伝わってくるからだ。

何から何まで、物のデジタル化が進む。デジタルを介してつくられた物は、高速消費を促すデジタルの管を通って、あっという間に流れ去る。ストーリーが物に付随する隙もなく、物はフローの一部になる。オール

ド・ヴァイオリンは長いストーリーと共に存在し、管を通れない。人間の感性は目新しいものやフローの先端だけに向かうわけではないし、歴史が物に刻み込んだストーリーを愛でることを無駄だと切り捨てない。寿命短く消滅した物たちの泡沫に情けを持つ余裕もないほど高速な社会において、結果的にデジタルの管を通れなかったオールド・ヴァイオリンが、過去に思いを馳せる機会をつくってくれる。過去の回顧から何かを学ばせてくれる教材であり、いま、そして未来をつくる基点となる。過去と未来をつなぐ機能としての物。そのとき、物は単なる物ではなくなる。

Vol.

025

「Sweet」の存在

「Sweet」。日本語のカタカナ表記で、スイートやスウィート。甘い、甘美な、気持ちよい、優しい、かわいらしい。聞くだけで「Sweet」な気分になる意味を持っている言葉。これを味わうと身体は思わず弛緩し、発する対象を好意的にとらえる。なぜ、人間には「Sweet」が与えられたのだろうか。

イギリスの自然科学者であるチャールズ・ロバート・ダーウィンが提唱した「適者生存」は、共感や同情こそが人間の有能な資質であるという考えに基づく。

「同情できる人が一番多くいる地域社会が、最も繁栄し、多くの子孫を残すだろう」

ダーウィンが残したこの言葉が示すとおり、社会は脆弱な赤ちゃんを守るように進化してきた。脆弱さに同情しているというより、赤ちゃんのかわいらしさが守られるようにできている。

甘美さや優しさにあふれている社会において、人と人が強く結びつき、子孫繁栄をもたらす構造は想像にたやすい。

アメリカの心理学者であるアブラハム・マズローの欲求段階説において、生理的欲求と安全欲求が充分に満たされると現れる社会的欲求と愛の欲求がある。愛、情緒的な人間関係を求め、他者に受け入れられている感覚。どこかに所属しているという安心感。

そのうえで、自分が集団から価値ある存在と認められ、尊重されることを求める承認欲求や、自分の持つ能力や可能性を最大限発揮し、具現化して自分がなり得るものになりたいという自己実現の欲求へと昇華する。

欲求の階段をのぼるプロセスにおいても「Sweet」はプラスに作用する。いずれの欲求においても、多かれ少なかれ他者との関係性が鍵となっており、「Sweet」はそれを良好にするエッセンスとなるからだ。

いずれにせよ、人間はひとりでは生きていけない。愛し合うために必要な優しさを持ち寄り、共感や同情をしながら助け合って生存してきた。周囲と良好な関係を築く性質が欠如していたならば、人間はすでに絶滅していたかもしれない。人間性の核に優しさが据えられているお陰で、

アブラハム・マズロー
1908〜1970年。アメリカの心理学者。マズローは人間の欲求は「生理的欲求」「安全欲求」「社会的欲求」「自我欲求」「自己実現の欲求」の5段階からなり、生理的欲求から順に上位欲求に進む「欲求段階説」を唱えた。

私たちはいまここにいる。

経済的な成功者でも幸福度が低く、成功していなくても幸福度の高い人がいる。それを裏づけるように、恋人、夫婦、家族、友人などと素敵なつながりを持てている人ほど、経済的成功とは無関係に幸福度が高い傾向を示すという分析もある。

誰かと素敵な関係を長期にわたり保つためには、人間性がものをいう

わけで、自分のエゴありきで生きていると築けない。他者との「Sweet」なつながりなき成功は、人間を、本当の意味で幸福にしないのだろう。

こう考えてみると、「Sweet」は共感や愛情、そして人間性を形づくるための力なのだ。

人と人が強く結びつくために「Sweet」があり、「Sweet」な思考こそが幸せを導く。

僕は思うのだ。人間とテクノロジーが共に繁栄するためには、その二者間にも「Sweet」がなければと。そう、テクノロジーにも「Sweet」を。ロボットだって、かわいげがあったほうが仲よくなれるに決まっている。

Vol.

026

テクノロジー・ユートピア

「人間の仕事が人工知能やロボットに奪われる」という切り口の言論は、もはや日常ごとになった。エリック・ブリニョルフソンとアンドリュー・マカフィーの著書『機械との競争』では、産業革命の第一波の蒸気機関、第二波の電気共に多くの労働者を生み、第三波のコンピュータも同様になろうと論じている。しかし、第三波が熟す中で奪われるであろう仕事は予《あらかじ》め想定しやすいが、新しい仕事の創造についてはぼやけがちだ。人間の脳と身体を模したテクノロジーは次元の違う応用力を発揮し、これまでとは異質な革命を起こす。過去の産業革命の主と同じように扱うことはできず、短期的に試行錯誤を繰り返しながら長期的には人間の仕事をただ減らすだけの可能性がある。仕事をしなくてもいい世界は、人間にとってのユートピアなのだろうか。

ユートピアは英国の思想家のトマス・モアが1516年に出版した著書『ユートピア』に登場する架空の国家である。以降、一般的となった多くのユートピア文学には現実社会への批判と皮肉が込められ、現実には存在しない理想的な社会が描かれている。理想社会を描くことでこそ

トマス・モア
1478〜1535年。イギリスの法律家・政治家・思想家。法律家として活躍していたが、ラテン語による物語『ユートピア』(1516年)を発表。架空の島国を舞台にした物語を題材に、当時の社会を批判した。晩年、トマス・モアは大法官にまで登りつめたが、ヘンリー8世と対立し、反逆罪で処刑された。

現実の世界の欠点を浮き彫りにできるという思想を背景とするが、理想郷と訳されるイメージとは違って非人間的な管理社会であったりもする。人工的で完璧なまでの合理的な世界。反動はつきもので、20世紀に入ると逆ユートピアとも称されるディストピア思想が生まれ、科学の負の側面が強調されるようになる。過度な管理により人間の自由が奪われることへの警鐘が鳴らされる。一見すると平和で秩序正しい理想的な社会だが、徹底的な管理によりむしろ人間の自由が奪われることへの危機意識が芽生える。

手塚治虫が西暦3404年を想定して描いた『火の鳥 未来編』もディストピア的作品であるが、極論と位置づけるには身につまされる要素が多すぎる。人間は超巨大コンピュータに支配を委ねていたが、完璧な存在からの道を外れ、コンピュータ同士で争うようになる。発展を極めるはずの未来にあったのはよもやの衰退、人類は黎明期への逆戻りを強いられる。テクノロジーが導く先は右肩上がりの未来でしかないという盲信をクールダウンさせられる。

OIL

OIL
OIL

結局のところ、観点によってはユートピアもディストピアに映るし、その逆も然《しか》りである。科学が理想郷の礎になるのか、そもそも何が理想郷なのか、入り乱れては時に反転する。

ユートピアの典型は、ユークロニア（時間がない国）である。変更すべきところがもはやない理想社会が完成するため、歴史が止まり、時間という概念も消える。人工知能やロボットが新たな人間の仕事よりもあり余る時間を拡大するならば、世界は一種のユークロニア化が進む。時間が存在しないユークロニアに生きることは「永遠の夏休みだ！」と、無邪気に謳歌できるものだろうか。

時間の用途を再構築することが人類最大の課題となる「テクノロジー・ユートピア」。超高度テクノロジーが導く社会は、ユートピアかディストピアか。「テクノロジー・ユートピア」を真の理想郷に育てられるかは、人間の英知にかかっている。

Vol.

027

見えないものを見る力

「超能力でも持っているということかな?」。就職活動の面接で「未来を想像することが好き」と自己紹介したところ、とある大企業の面接官から真顔で切り返された。はるか昔のことではあるが、いまも志向の変わらぬ僕においては、ふと思い出してしまう一場面。冗談ならばなかなかウィットに富んでいるのだが、面接官の硬直した表情からはそれを微塵も感じなかった。むしろ冗談を言っているのは僕のほうだと言わんばかりに、会話は終始淡泊に閉じた。柔な学生の僕にとっては、社会がいかに目の前の現実に偏重したものかを突きつけられて負った擦り傷のよう。

その後、起業家としての道を歩む中で、新しいものを創造するにあたっては、一部の賛同と大多数の否定から始まるという原理原則を学ぶ。目

新しいものほど、周囲の評価よりも自分の内側にある自分だけの尺度にこだわることの大切さを知った。もはや否定ですら栄養素みたいなもので、盤上の少ない賛同の石をひとつずつ増やしていく過程が苦痛どころか楽しくなる。固定観念に縛られないはずの起業家の世界ですら、時に起業家たるものという像をつくりかねない。そんなとき、むしろ僕は起業家ですらいたくなくなる。自分にとって起業家は活動の一端であり、自分を何かに固定化しないための手段でもある。起業家像という枠に収まるのはどうにも心地悪い。

　とはいえ、この手の考え方が一般的かといえばそうでもない。人間は安定を脅かす創造を嫌う性質を持つとの研究結果もあるように、変化を恐れる生き物である。状態や環境に調整が加わり、いまの枠組みに収まらなくなることにストレスを感じやすい。アメリカの社会生理学者であるホームズとレイ（Holmes & Rahe）がライフイベントのストレス量を得点化した一覧表である「社会的再適応評価尺度」は、社会や個人差を考慮せねばならないものの、生活の変化にはストレスが伴うことを示す。結婚や休暇のようなポジティブと思われる出来事でさえストレスの原因になるというのだから、人間は変化に過敏なのだ。

「一生懸命やっている自分の仕事を人工知能が奪ってしまう」「仮想通貨により新しい経済の仕組みができる」という刺激的な説を聞いてしまったものならば、信じてきた常識や情報が使いものにならなくなる恐怖の度合いが高いのもうなずける。わからないものを恐れ、変化を避けようとする人間に

ライフイベントのストレス量
アメリカの社会学者ホームズと内科医レイが発表した「ライフチェンジユニット」（1967年）によると、不快な緊張や不安などのストレスを与える出来事（ストレッサー）は「配偶者の死（ストレス度100％）」や「離婚（73％）」というネガティブな出来事だけではなく、「昇進（29％）」、「優れた個人的業績（28％）」など、一見よい出来事も含まれている。ストレス度の合計点が300に近づくと、約8割の人が、その後2年間に病気になる確率が高いと言われる。

とって、受け入れがたい未来だろう。

「自分は相手のことをよく知っているが、相手は自分のことをよく知らない」と解釈し、さらには「相手のことは相手自身よりも自分のほうがよくわかっている」と捉える「非対称な洞察の錯覚」という現象により、

自分とは相反する見方や情報を軽視し、自分の常識に固執する。脳が変化を強いる新しい情報を拒絶し、自分に同調する仲間を探し徒党を組む。これも変化に対する本能的な抵抗だ。

変化を嫌う性質が組み込まれた人間ではあるが、とんでもない変化を生き抜いてきたこともまた事実。だからこそ、僕たちはいまここにいる。テクノロジーは異次元の変化を

人間へ連続的に与えるが、その変化を乗り切るために養うべきは、「見えないものを見る力」だ。

未来は予言者のように言い当てる対象ではない。既成の殻を脱ぎ、可能性を切りひらいた結果が未来である。見えないものを見る力は超能力なんかじゃないのだ。想像を膨らまし、いまはカタチになっていないものを頭の中でカタチにする。できれば頭の中のカタチを現実のカタチにしてみる。新しいカタチが生む変化を嗜み、頭ごなしに否定しない。見えないものを見る力は、未来のためだけではなく、いまをしっかりと生きるための力でもある。

Vol.

028

無人社会

無人社会。人間不在の社会はSFで描かれる世紀末のよう。あるはずのない絵空事《えそらごと》。ただし、人間にとっては、なのだが。

2018年1月、アマゾン・ドット・コムが米シアトルに無人のコンビニ『Amazon GO（アマゾン・ゴー）』を開業し、無人店舗がスタンダードになる未来への号砲が鳴らされた。人工知能搭載の無人レジが設置された店舗。出入りや決済にはスマートフォンやICカードを利用。店内にあるカメラは誰が何を何個買ったかを認識し、盗難防止にも抜かりがない。人工知能が店内のお客の動きを分析し、商品陳列等のマーケティングを自動で行う。無人店舗を運営するためのテクノロジーは次々と更新を重ねる。

日本の上位コンビニ3社の約5万店舗を無人化した場合、年間で1兆円以上もの人件費が削減されるというシミュレーションは、無人化が店舗経営の伝家の宝刀になることを示唆する。お客にとってもレジ待ちのストレスがなくなるので、店舗が無人化する流れは止まらない。

日本の生産年齢（15～64歳）は減少の一途をたどり、出生中位推計の

Amazon GO
Amazon.comが運営する食料品店。最初の店舗は2016年12月5日にAmazonの新本社内にオープンしており、消費者はAndroidまたはiOS端末のアプリを使うことによって、レジに並ばずに商品を購入することができる。

結果によれば、2029年・2040年・2056年にはそれぞれ7000万人・6000万人・5000万人を割り、2065年には4529万人となる(『国立社会保障・人口問題研究所』発表の予測)。無人レジと無人店舗の普及によって、既存の仕事は多数消滅する。しかし、生産年齢人口が激減する国においては、人工知能やロボットが仕事を担わないと不足する人間労働力をカバーできない。仕事を奪われることへの警戒がおこがましいくらい、補ってもらわなければ成り立たない環境になる。

無人化は店舗にとどまらない。銀行や病院の窓口、自動運転による各種交通機関、空港の出入国、物流や工事現場。空を見上げれば飛び交う無人航空機ドローン。多くの領域で無人化は加速し、人間による人間のための仕事へ人間の再配置が試みられる。合理を極めるならば、あらゆるものを自動で稼働させ無人化へと突き進む。人工知能やロボットが提供、人間が利用する側へと過剰にシフトし、人間が減少、もしくは消滅してすべてがテクノロジーだけで完結する様を妄想してみる。複雑な気

そば
ば
食品
のんべえ
ビール
ホッピー
食品
No.6572
カフェ

持ちにはなりつつ、無人社会はイメージできなくもない。
もっとも、人間が好んでそんな選択をするとは思えない。人間ファーストの観点に立てば、人間の都合でバランスのよい落としどころをつくるはずだ。だが、地球ファーストに回ってみたならば、無人社会は必ずしもネガティブともいえない。「我が星の環境を汚す主がいなくなり、自然に優しく過ごしてくれる人工知能やロボットと共存したほうが望ま

しい」というのが地球の本音かもしれないからだ。人間にとっては非情な本音だが、耳が痛かったりもする。

無人レジと有人レジが併存している店舗で、利便性が高いはずの前者より後者のほうに長い列ができるという皮肉な現象がある。なぜ有人レジに並ぶのかを問われると、「同じお金を払うなら人にやってもらったほうが得だから」と回答する人が多数いたという。

こんな非合理的な感覚は、人間が便利さの中に収まりきらないことを物語る。仮に人間ファーストが正解ではなかったとしても、人間は人間の気配に生を感じ、生きる活力とする。人間の気配なき社会、無人社会は、人間の生気を際立たせる社会でもある。

Vol.

029

間のなき世界

むやみに慌ただしい感じがする。

生活の中にも「間《ま》」がない。会話が途切れたときにはスマートフォン、移動中もスマートフォン、カフェでひと息のときもスマートフォン。あらゆる「間」が通信技術によって情報で埋められる。

便利さは癖に、癖は中毒になった。書物はある種の閉じた世界で、読みながら想像に「間」を与え、思考の機会となる。インターネット上の情報は、更新とリンクが無限の広がりをもたらし、「間」を吸い尽くす。メッセージが届いてしまえば、返信するまでの「間」に罪悪感を強いる。

社会が複雑化し、意思決定や合意形成がとても難しくなった。情報が爆発するとともに、考えなければいけないことも爆発的に増えた。次から次に新しい情報が舞い込み、新しい発見がある。発見は前向きなことに限らず、課題や問題も多分に含まれる。ニュースサイトのどのリンクをどこまで押し続けて、どこでサイトから離れるべきかでさえ、判断を要する。人間の脳はとんでもなく高性能とはいえ、容量には限界がある。考えることや判断すべきことが過剰になると、余裕がなくなる。脳の余裕のなさは、心理的余裕をなくすことでもある。「間」のなき世界は、ゆとりを奪われて自己中心的に生きる人だらけの住み処になりかねない。

目の前の時代は先人が生み残したものによって生成され、いまを生きるわれわれは、次の時代に何を残すべきかを考えながら生きる責務がある。同じ時代を共にする者同士が互恵関係、思いやりの意識を持つゆとりがないのに、次の時代に思いを馳せることなどできるわけがない。幸いなことに、そんなタイミングで人工知能が育っている。功罪の全容を明らかにしない人工知能であっても、人間のゆとりを取り戻す救世主の資格を持っていることは間違いない。考えることが得意な人工知能に一定の意思決定を委ねることで、人間が意思決定することを減らす。何をどのように委ねるかについては熟慮と検証を重ねる必要がある。その試行錯誤まで委ねてしまった場合、人間があまりにも無力化する恐れがあるので、人間として踏ん張るべき部分に関する指針は持っておきたい。脳にゆとりを得た人間は、本当に考えるべきこと、やりたいことに時間を割けるようになる。趣味、旅行、気の向く仕事。ほとんどの時間をやりたいことで過ごせる生き方。人工知能さまざまである。ドイツを代表する学術研究機関の『マックス・プランク学術振興協会』が運営する研究所（『マックス・プランク研究所』）で「人間の脳はどんなときに幸せを感じるか」についての研究が行われ、「苦しんでいる人に寄り添って支援するとき」だということが明らかにされている。脳が人を支えることにとりわけ幸せを感じるようにできているからこそ、人類はここまで生き残り、繁栄を続けられたのかもしれない。

やりたいことに時間を割けるようになった人間が何をすべきか。「それは個々人の自由だ」と言われてしまえばそれまでである。しかし脳は求めているのではないだろうか。多くの時間を人のために費やし、究極の幸福感を得ることを。自己のためにあらゆる力学を働かせて幸せになろうとすれば本当の力学は働かず、他者のために力学を働かせて幸せにしようとすれば本当の力学が働き自己も幸せになれる。きれいごとではなく、〝脳ごと〟なのである。対象は未来を生きる人であってもよい。

マックス・プランク学術振興協会
物理学者マックス・プランク（1858〜1947年）にちなんで1948年に設立された非営利団体。研究分野は自然科学、生命科学、人文科学、社会科学にわたり、設立以来、数々のノーベル賞受賞者を輩出し、国際的にも高く評価されている。

それによって未来を存在させられると思うとき、過去の人からの恩恵として〝いま〟が存在することを意識する。

テクノロジーに奪われた「間」は、テクノロジーによって取り戻す。再生した自分のゆとりは、脳が求めるところに従ってみる。本当の幸福は、そこで姿を露わにするはずだから。

Vol.

030

合成の誤《ご》謬《びゅう》と満足化

道理にかなった性質。物事の正しい道筋に沿って、能率的に行う。感情に流されず、論理的で行動が一貫している。無駄を嫌い、失敗は許さない。遠回りはせず、計画どおりに行動する。合理性のお手本のような人。職場にいると助かるし、頼もしい。得てして上司の評価も高い。

感情を抜きにして分析的に意思決定をする概念は「合理的エージェントモデル」という経済学理論として体系化されている。投資家や消費者は市場に関するあらゆる情報を入手し、情報を利用して最適な選択を行うことができる。だが不思議なことに、現実の市場、投資家、消費者は、そのように機能していない。株式の価値は不安定な投資家心理と態度によって揺れ動き、入念に練られたマーケティングをあざ笑うかのように売れない新商品。

社会学者のマックス・ウェーバーは、「行為の4類型」によって社会的行為を4つに分類した。任意の目的を達成するために合理的な「目的合理的行為」、特定の価値に対して合理的な「価値合理的行為」。感情に突き動かされて行われる「感情的行為」、習慣的に行ってきたことを根

マックス・ウェーバー
ドイツの社会学者、経済学者1864〜1920年。西洋文化と近代社会を貫く原理を合理主義と捉えてその本質を究明した。主著に『プロテスタンティズムの倫理と資本主義の精神』『社会科学方法論』がある。

拠にする「伝統的行為」。前二者は合理的行為、後二者は非合理的行為である。

4分類した当時、テクノロジーの進化によって、合理的行為を追求する環境がこれほど整うとは想像がつかなかったかもしれない。特に目的合理的行為においては、人工知能は史上最強の味方となる。感情による乱れがないし、目的に向かってぶれず、徹頭徹尾合理的に邁進する能力に優れている。個人的には、合理的に生きること、仕事をすることは嫌いではない。行為と成果の相関を分析しながら、目的を達成するために必要な行為を科学的に組み立てる。ただでさえ、生きることや仕事は、不確実性の中にある。可能な限り自分の手で運命をコントロールし、不確実性に翻弄されたくない。不確実な運命に合理的な行為で立ち向かい、どこまで翻弄されずに済むかのゲームを試みる。ゲームを有利に進めるためのテクノロジーは、武器としての有能さに磨きがかかる。

とはいっても、合理的にやってうまくいかないことはあるし、運と流れに身を任せてうまくいくこともある。「合成の誤謬」という経済学の用語があるが、ミクロ（個人や一企業）の視点で正しいことも、それが合成されたマクロ（経済全体）の世界では意図しない結果が生じることを意味する。正しいことを足していったら必ず正しい結果が返ってくると思いきや、好ましくない結果に至ることがあるのはそれだ。「貯蓄のパラドックス」は典型的な例。国民所得が一定の場合、個人の貯蓄意欲が増大することで、個人の貯蓄量は増大する。一方、経済全体で見ると、貯蓄意欲の増大が消費支出の縮小を招き、国民所得の減少と結びつくことで結果として貯蓄水準が減少せざるを得ない。個人が貯蓄を増やすと、社会全体としても貯蓄が増えそうなのに、むしろ減ってしまうという現象だ。歴史上の経済政策にも合成の誤謬はたくさんあるし、「コツコツ正しいことを積み重ねてきたはずなのに、どうしてうまくいかないのだろう」と落胆することは珍しくない。天才が１０００人集まったからといって、組織が望ましい方向に進むとは限らず、天才の足し算が全体の失敗につながる事態もまさに合成の誤謬。

「それならば、すべては成り行き任せで」と投げやりになれるかといえばそうではなく、正しいと判断することを積み重ねる行為は無駄ではない。留意すべきは、正しさは判断基準のひとつでしかなく、絶対的な正しさなど存在しないことだ。正しさすらも疑い、それでも正しさを求め、丹念な判断を続ける。それと、合成の誤謬は前提条件が左右するため、僕は特に時間軸、タイミングに配慮している。足し算するタイミング、答えを出すタイミング。正しいと判断したことをタイミングよく行い、タイミングをはかってゴールへとスパートする。成り行きよりも合理的行為によって目的達成確率を上げられる場合は多いし、そのパートナーとしての人工知能には大いなる期待を寄せ、僕も研究開発をしている。合理的行為における人工知能の能力が一定レベルに到達した場合、積極的に任せたい仕事は増え、重要な経営業務も担えるようになるだろう。

ノーベル経済学賞とチューリング賞を受賞したハーバート・サイモンは、目的の最適化・最大化に代わる言葉として「満足化（satisficing）」（＝「満たす（satisfying）」＋「足りる（sufficing）」）という言葉をつくった。時間の無駄のようでものんびりできる体験に喜びを感じることもある

ハーバート・サイモン
アメリカの経営学者
1916〜2001年。行動科学的な組織論研究の第一人者。1978年には『経済組織内部の決定過程についての先駆的研究』でノーベル経済学賞受賞。主著に『経営行動』、『人間行動のモデル』『コンピュータと経営』『システムの科学』など。

し、完璧な演奏よりも個性的な演奏に感動することもある。合理的行為、正しさの積み重ねとは言えなくても、成果は満足化されている。確かに、合理的行為の結果としての目的が満足するものでなければ、何のための目的なのだろうか。出世の階段を登りつめたり、金銭的にこの上ない儲けを得られれば満足なのか。到達した目的やマクロの世界が満足化されなければ、積み重ねた合理的行為やミクロは正しかったと言えるのか。人工知能は、自分の目標であるという認識や使命感を持つこと、目標の重要性を評価することが不得手である。満足化は必ずしも合理的行為の果てにあるわけではないから、論理を超えた満足心理の機微を知る、人間自身が主導するしかない。

人間と人工知能の連携で合成の誤謬を回避し、合理的行為の精度を上げられたとしても、目的の満足化がなされなければ、何かを目指す意味がない。人工知能は心が満ち足りるとはどういうことかを理解できないし、満足を味わうのは人間である。満足化を手がける適任者は、人間以外にいない。

Vol.

031

持たない主義

引っ越した家のリビングに合うテーブルを新調したい。「靴ならば何足あってもいい」と買った靴を履く前から新しい靴を求める。全身をブランド品で埋め尽くしたい。絵画のコレクションが人生の一部になっている。高級車や自家用ジェットが欲しい。子供の頃には誰もがおもちゃを親にねだる。生まれてから一度も物欲を持ったことがない人を探すのが難しい基本的欲求だが、物欲が減退してしまった大人は結構いる。減退どころか、モノを持つのが怖いという人がいる。モノに縛られるのが嫌だという。車があると乗らなければいけない気がするし、持ち家だと最適な場所へ身軽に移動できない。世界中を旅して気分によって滞在先を変えたいから、別荘なんてもってのほか。激しく変化する時代にあって、次なる一歩を躊躇させるモノは邪魔。頑張って収集した趣味のモノも、売り飛ばせるモノ以外は死んだ後に残された人が処分に困るだけ。だから、モノは持たない主義。

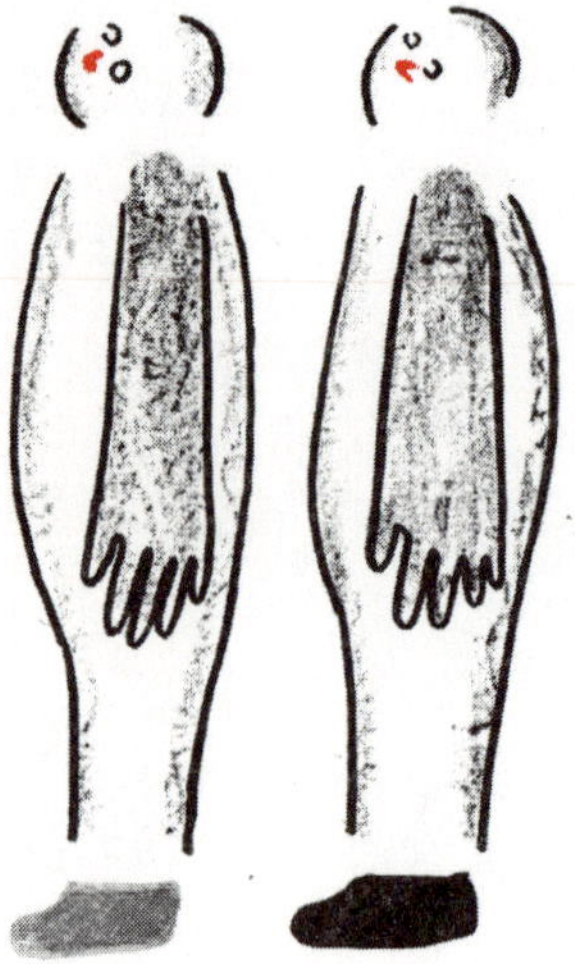

モノだけではなく、持たないほうがよいポリシーというものもある。モラトリアムを気取るわけではないし、自分なりの価値観も捨てない。持ちたくないのは、自分の可能性に蓋をするこだわり。パターン化したポリシーは自由な思考を封じ込め、思考停止に追い込む。イノベーションはいまの延長線上にはなく、非連続の中にある。固執するものがあると、非連続なイノベーションに足元を見られる。エキサイティングな新しい世界から自分が置き去りにされることを許容できるならば、「何があっても変わらないものこそがポリシーなのだ」と主張するのも構わない。時代遅れになろうが、自分らしさを保てるポリシーであるならば、他人に否定される筋合い

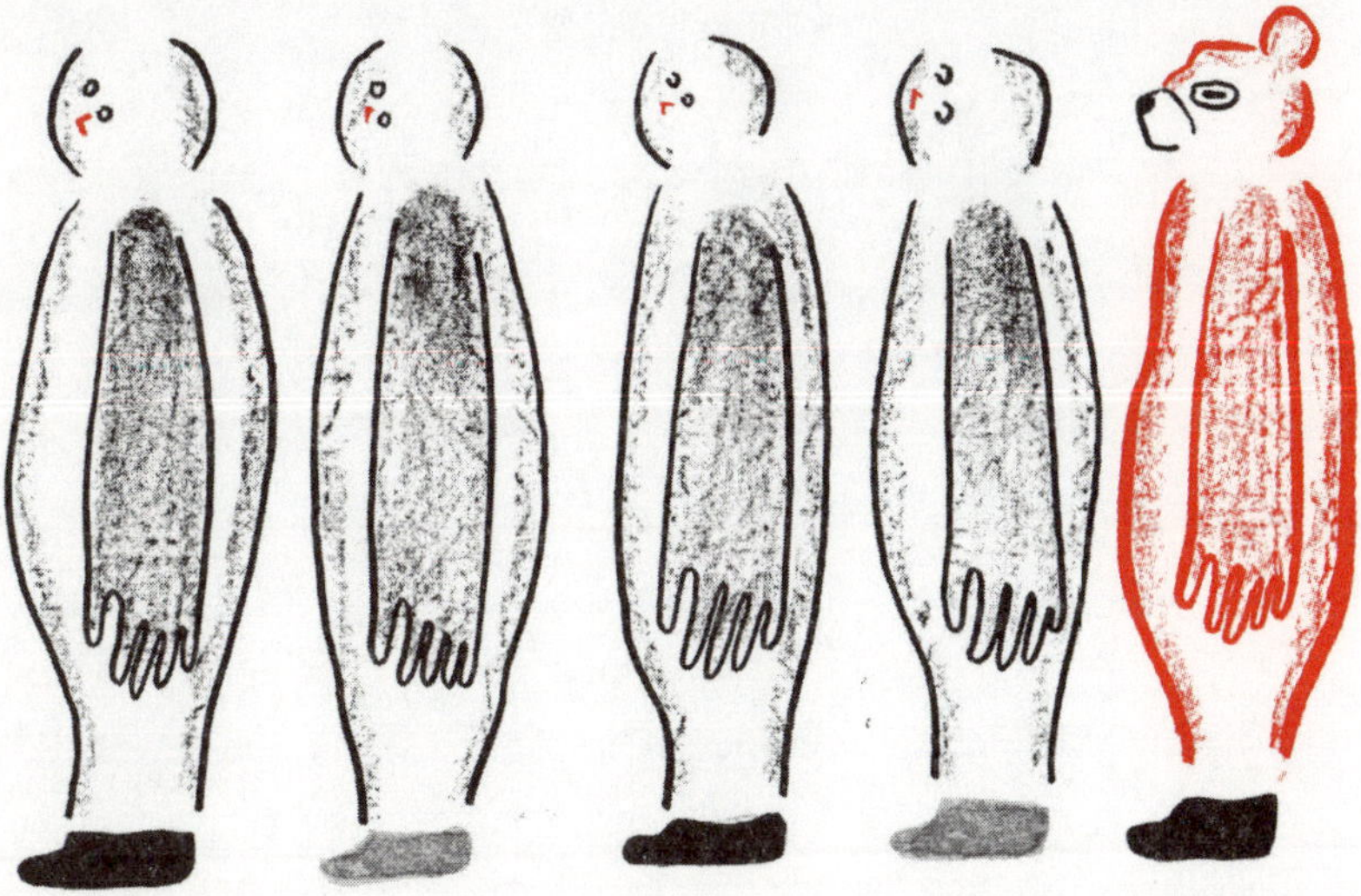

はない。最先端と同居することがすべてではないし、自分に問い、自分で決めればいい。

個人に選択は委ねられているが、テクノロジーは容赦なく非連続な未来を誘発する。非連続な未来のつくり手、担い手になろうとするならば、蓋になるポリシーも含めて持たない主義のほうが機動力は高まる。持たない主義であろうとも、柔軟性を備えた独自の価値基準は持つ。何に対する柔軟性かといえば、非連続と自己成長。持たない主義は、すべてを持たないことではなく、自分の進化の足かせとなるモノを持たないこと。まずは、持つモノと持たないモノを決めるところから、非連続な未来への旅が始まる。

Vol.

032

副業消滅

副業を認めるか否か。副業を認める企業が増えてはいるものの、そもそも議論の対象となるのは、副業には疎まれる要素があるから。本業に全力を注いでほしいのに、副業に気や時間を削がれ、本業がおろそかになる。副業にとっても然り。主なものに伴う補佐的なもの、控えだからと手抜き扱いするのは副業に対して失礼。「しょせん、副ですから」という弁解は通用しないし、副業ゆえにアウトプットが悪くても許されるほど甘くない。本業だろうと副業だろうと、その仕事を買う企業やお客さんには関係ない。「副業としてつくられた商品だから、質が悪くても仕方ない」と許容してくれるわけがないのだ。起業家、大学客員教授、著者、ラジオ番組のナビゲーター。常に複数の仕事を持っている僕には、「幅広いお仕事をされていますが、本業はどれなのでしょうか」という質問が日常茶飯事。迷わず、「全部本業です」と答えている。実際、仕事として選んだものに優劣はなく、すべて熱心に取り組む。各々の相乗効果もあるし、あるものを選好する。仕事同士を掛け算していくことが面白いし、掛け算の主役たる各仕事に主従はない。

副業によってすべてが中途半端になってしまうのであれば、雇用主に咎められるまでもなく、やらないほうが自分のためである。趣味の範疇だとしても、どうせやるなら質を高めたほうが実りは多いし、自分も楽しめる。だから、仕事を本気とそれほどでもないもの、メインとサブに分けるのではなく、興味があるものは全部本気のメインにすればいい。まず、1日24時間は変えられないので、時間を適切に再配分する必要がある。気が向かない予定は、原則やめる。やむを得ない付き合いは最小限にし、限りなくゼロに近づける。すぐに形にはならなくても、未来につながることは積極的に投資する。全部本気でやろうとすると、無駄なものを選択する余地がなくなり、必然的に取捨選択がシビアになる。誘いを断ることに、最初は気がひけるものの、習慣化すると自分が望まないことにはそもそも近寄らなくなる。離れる人も事も自浄作用だと受け止めればいい。変えるべきは他者ではなく自己、身を置く環境。自分の意志は自分の空気をつくり、自分が求めるチャンスを引き寄せる。意志を持って生き残った仕事には精を出せるし、好きな仕事同士は掛け算す

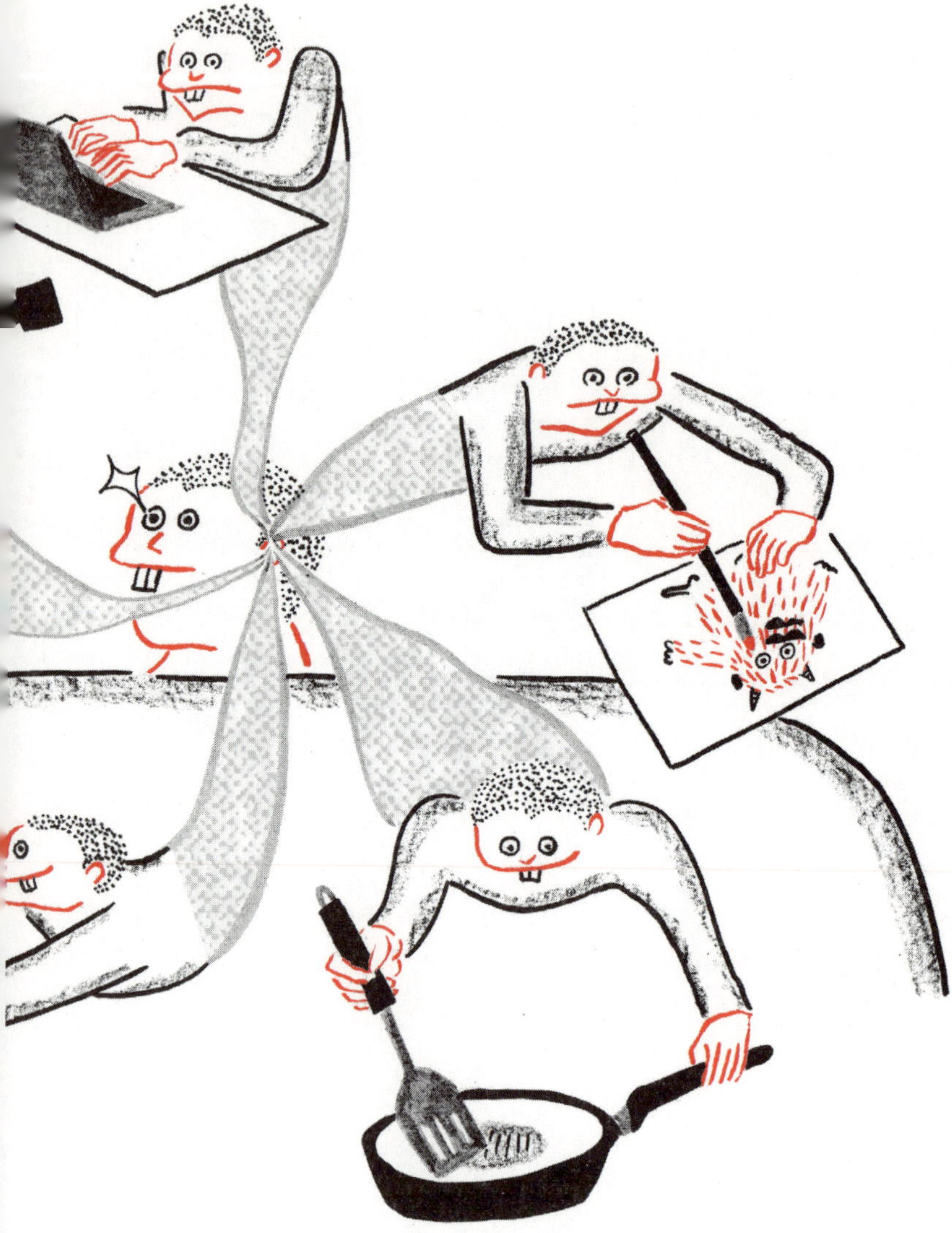

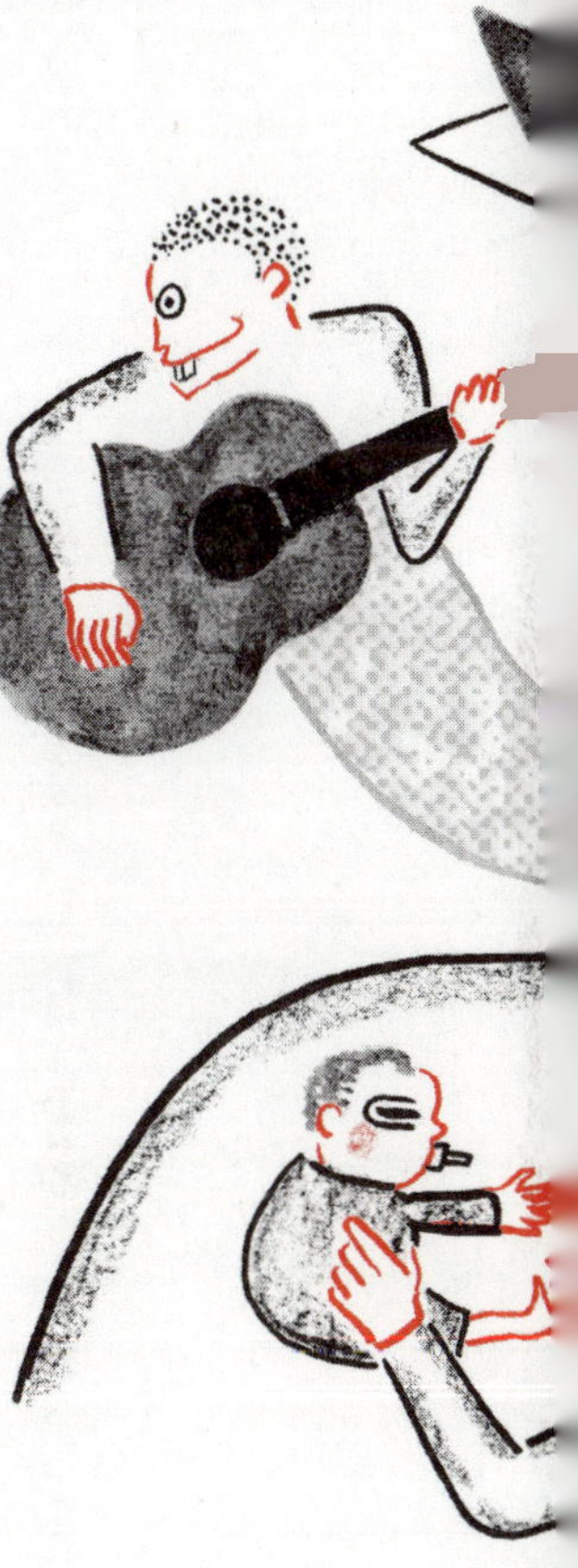

るから、単体の仕事では得られない成果を導くことは多い。

そして、複数の仕事の成果を最大化するために欠かせないのがテクノロジーである。最も身近でコンパクトなスマートフォンでさえ、これひとつで済むことだらけ。世界中の人々とのコミュニケーション、オンライン会議、スケジュール管理、企画書のチェック、調べ物。移動中に頭に浮かんだことをメモし、すかさず仕事に還元する。必要なものはオンラインショッピングで購入し、決済も現金不要。

ここから先のテクノロジーの進化は、「副業消滅」を加速させる。

ＩｏＴは、掃除、洗濯、調理などの家事、日常生活を効率化する。ロボットが人間の稼働を肩代わりし、自動運転車は移動時間を有益なものに変える。自動移動型個室は、資料作成や打ち合わせにもってこいである（自分で運転するときは趣味として）。複雑なデータ分析やマーケティングは人工知能が片付け、事務的な作業からも解放される。テクノロジーが賄えることを増やせば、人間が好きなことに費やす時間を創出できる。願わくは、どこでもドアのように遠方へ瞬間移動できる道具、実際の睡眠以上に睡眠の質を向上する装置も手に入れたい。有限な24時間を超えていくことができそうなイノベーション。テクノロジーが人間の仕事をサポートする多様な機能を提供し、やりたいことすべてを存分にやり切るだけの時間を創出する手段となることで、副業という概念自体を消滅させる。仕事に主従なんてなく、望むものはすべて主にする。テクノロジーが高度化すればするほど、やりたいことすべてを本業にできる環境が整ってくる。

Vol.

033

脱承認欲求

心理学者のアブラハム・マズローが分類した人間の基本的欲求は、最も低次の生理的欲求から始まり、安全の欲求、所属と愛の欲求、承認の欲求と、欲求を満たされないと不安を感じる欠乏欲求で階層的に構成される。

寝食や身の安全を安定化させるには困らない社会になり、特定の集団に所属し仲間を得て、いよいよ承認の欲求に焦点が当たる。そんなタイミングで登場したのが、ソーシャルメディアである。特にSNSは、承認の欲求を満たすにはうってつけの社会的ネットワークで、この欲求がドライバーとなりサービスを成長させている。情報共有を目的とした投稿が霞むほど、承認を満たしたいだけの自我がネットワークを埋める。テキストや写真、どのように承認の欲求を満たせるかによって、サービスの人気も移り変わる。テーブルに出された食事は、多少冷めても真っ先に写真を撮る。モノやコトの善し悪し以前に、他人に晒して映えるか否かで追いかけるものを決める。誰に対するメッセージにもなっていない、ナルシシズムが漂う独り言。友達や家族との仲よしアピール。我慢していた承認の欲求を、ここぞとばかりに満たしまくる。

人間の基本的欲求ゆえに、承認の欲求としばし戯れるのはやむを得ないとして、承認されて喜んでいる自分に飽きるタイミングがいつ訪れるかだ。承認の欲求のバケツが満杯になり、溢れ出す。実力のある人工知能やロボットが生活や産業で存在感を示すようになると、義理のいいね！ボタンを押されるだけで承認されている気がする虚しさは、相対的に目立ってくる。優秀な人工知能やロボットは、承認の欲求なんぞに翻弄されることなく、能力開発に勤しむ。そんな彼らを見ていて、ふと思う。どれだけ他人からの承認を貪ったところで、何が残るのだろうか。自分は前に進んでいるのだろうか。自分の潜在力をもっと引き出し、次の段階へ進歩したい。承認の欲求もそろそろ胃もたれを起こしそうなところで、あるべき自分と向き合う。眠っている能力や可能性を最大限開花させること、自己実現につながる行動に集中したくなる。

最も高次の欲求である自己実現の欲求は、成長欲求につながり、技術や能力を磨くエネルギーとなる。自分は自分が評価し、他人の評価の中で生きることはやめる。手持ちのブランド品に向けられる羨望のまなざしも、持ち主よりも品物が主であることを冷静に判断できる。やるべきことは、装うことではなく自己鍛錬。本当の自分は他人のものではないし、自分が思い込んでいるほど他人は自分のことを気にしていない。だから他人の評価を重んじてもしょうがない。この段階に入ると、見返りを求めぬ無償性を大事にするようになり、自分を成長させ他者を支えるスパイラルを生む。他者のためになることが脳に幸福感をもたらすという研究結果もあるので、脳的にも理にかなっている。

いいね!
いいね!
いいね!

次の段階に昇華するために、ひとまずはＳＮＳが承認の欲求をとことん燃焼させる。承認のステージを単なる通過儀礼とできるか、抜け出せずに溺れてしまうか。各々の自覚と自由に託すべきところではあるが、ほどよきところで承認を満たしたい欲から解放されたならば、高次の欲求への階段をのぼり始める。

孤高な機械は、ひたむきに性能を向上させることを宿命として背負い、鍛えられる。薄っぺらい欲によって稼働する機能もない。今日よりも明日、どれくらい高性能でいられるかで存在価値がはかられる。欲求を持たずとも、無意識に自己実現を果たそうとする機械が隣人となることで、他人の目に振り回され、自分を磨くことに集中できていないことを自覚する。承認の欲求を満たすために奔走する労力を自分づくりに再配分し、徹底的に自分と向き合う。ついでながら、望んでもいないのに、承認の欲求に溺れているときよりも他人から義理なき評価が与えられる。思いっきり自分の人生を生きてみれば、他人の中に生きていた自分よりも可能性がひらけてくる。

「おわりに」ではなく、「はじめに」

心地よい無駄というものがあったり、予定調和が崩れて楽しくなることがある。そういうときに、妙に生きている実感がわく。

コンピュータのプログラムのバグは許されなくても、人間が生きていく上での不完全さは必ずしも不幸の材料にならない。むしろ、幸せにすら感じることがあるから不思議だ。

テクノロジーは、質、量、性能、速度、効率、利便性を極めていく。極まることで、豊かさを味わえる人や機会が増えるから、テクノロジーの力は賞賛に値する。

進化を続ける環境が人間に与えられる限り、極みを目指すことを止めないだろう。

ソーシャル&エコ・マガジン『ソトコト』の連載「テクノロジーは、人間をどこへつれていくのか」をベースに、人間とテクノロジーの未来を探究しようと本書を書き始めた。個人的には、新しい発明や先端的技術、合理的な考え方や行動が好きであるし、目線はテクノロジーが生み出す極みにあった。

自然やスローライフなどをテーマとするマガジンで、テクノロジーの極みを追うような連載を持つことは異端であったように思う。ところが、長年に亘って連載を続けているうちに、尖鋭な極みへの一方的な憧憬は次第に弱まり、違和感すら覚えるようになった。それとともに、「社会や環境がよくなって、そしておもしろい」をテーマとする『ソトコト』に馴染み始めた。

極みを追っているうちに、探究の主対象はテクノロジーそのものより、人間になっていた。人間らしさや自分らしさを失わないために必要なこと、幸せとは何なのか、どのような働き方が楽しいのか、古くさいものの価値、不完全であることのよさ、生身の身体。人間と共存共栄するために、テクノロジーに生々しさを持たせること。

「テクノロジーは、人間をどこへつれていくのか」というタイトルは、「人間は、テクノロジーをどこへつれていくのか」であるべきだと考えるようになった。テクノロジーが人間をどこかへつれていくのではなく、人間がテクノロジーをどこへつれていくのかを問われているのだと。人間はどのようなテクノロジーを形づくり、テクノロジーをどのように活用するのか。正解などないなりに、希望の持てる未来といまをつくるため、高度テクノロジー社会を心地よいものにするための、思考のあり方。

そこに通底するのは、人間ならではの「あたたかさ」であるという結論に至った。どこか青くさいし、最初からあたたかさを持ち込む意図もなかったが、「人間は、テクノロジーをどこへつれていくのか」という地図を描いているうちに、結果的にあたたかさが必要になった。肉体を持つ生物である人間は、テクノロジーと違って、あたたかさが生きる力になる。

つめたいコーヒーよりもあたたかいコーヒーを手に持った人のほうが他者に対して優しくなれる。あたたかいお茶を出すことで好印象を持ってもらいやすくなり、商談がうまくいく。抱きしめ合うなど、あたたかい身体的な接触が結びつきを強くする。幸せホルモンとも呼ばれる「オキシトシン」の分泌量が増えるため、幸せに感じたり、人間同士のつながりが良好になるのだ。これらの実験結果が示すところはあたたかさの持つ力であり、あたたかさがもたらす効用はなんとなくではなく脳科学である。

目的のない放浪の旅で胸がときめくドラマが生まれたり、期待どおりに行かないことでかえって期待を超える。不完全なことを楽しいと思える人間のバグだって、どこかあたたかみを帯びている。そこにあたたかさがあれば、バグだって愛おしいのだ。

そろそろ本書のタイトルを決めなければいけない時期に差し掛かった頃、担当編集者の井上さんがアフリカへ長期取材に行くという。一ヶ月もの間、1万4000キロほど離れたアフリカにいる彼とやり取りしなければならなくなった。とはいえ、海外にいるスタッフとオンラインで打ち合わせをすることが習慣化している僕にとっては、特に問題があるようには思えなかった。インターネット環境さえあれば、どこにいても仕事はできる。実際、ナミビアや南アフリカにいる彼と、日本にいるときと同様にオンラインのみで、たいていのことは済んでいた。ところが、肝心の本書のタイトルだけは、なかなか決まらない。お互いアイデアを出し合い、何度となく意見を交わし合っても、どうしても着地しない(100以上も候補が挙がったのに)。とてつもない時間をかけて書いた本文を、わずかな文字数で表現しなければならないゆえに、本のタイトルをひとつに絞ることは実に難しい。

そうこうしているうちに、彼が日本に帰国、早速会ってタイトルを決めることにした。するとどうだろう。あれだけ決まらなかったタイトルが、会って30分も経たないうちに、あっさりと決まった。しかも、候補に挙がっていたものではなく、その場で新たに生まれたタイトルだ。それが、『未来のためのあたたかい思考法』である。

タイトルありきで書いたわけではない本書だが、僕が書き綴ったものには結果的に共通のメッセージがあった。それは、〝未来へ向かっていまを豊かに生きるためには、あたたかい思考のあり方が必要だ〟ということ。

オンライン上ではあれだけ試行錯誤した本書のタイトルが、顔をあわせて話し始めて間もなく決まったことにも、人間の気配が寄与している気がしてならない。互いの表情、仕草、そして気配。迷いからブレイクスルーし、探し求めるタイトルを思いつくためのエネルギーになっていた。このエネルギー、どこかあたたかい。

いくらオンラインで片付く仕事が増えたとはいえ、重要なことや、難題であればあるほど、関係者が直接対面して解決している。

テクノロジーの力をもってしても、この世から人と人が触れ合うことを皆無にはできない。究極に便利な社会であっても、人間はあたたかさ抜きで心地よく生きられない。

人間の脳は、そのようにできている。

テクノロジーによってあらゆるものを極めようとする人間の試みが途絶えることはない。

これまでの歴史もそうであったし、これからも変わらない。だからこそ、人間にフィットするテクノロジーを産んで育て、テクノロジー社会を快適なものにするしかない。そこで役立つのは、ぬくもり、あたたかさのある思考法だというのが本書に込めたメッセージだ。未来の人間のためであり、あなたのためである。未来はいまと切り離されていないから、いまのためでもある。

「多くの方のお力をお借りしたが、文責は言うまでもなく、すべて著者にある」

僕が好きな、谷村志穂さんの小説『移植医たち』（新潮社）のあとがきの最後の一文だ。人の助けのあたたかさと、他責を排除する潔さが同居している。

未来のためのあたたかい思考法も、人間のあたたかさによってあたたかい未来をつくるため、テクノロジーに責任を押しつけないための思考法である。当事者は、かくいう人間、自分自身なのだから。

未来はもう始まっている。

未来のためのあたたかい思考法

発行日　2019年3月31日　初版発行

著　者　小川和也
絵　木下ようすけ

発行者　小黒一三
発行所　株式会社木楽舎
〒104-0044
東京都中央区明石町11-15
ミキジ明石町ビル6階
電　話　03-3524-9572
http://www.kirakusha.com

印刷・製本　凸版印刷株式会社
造本・装丁　武田厚志（SOUVENIR DESIGN INC.）
編　集　指出一正（ソトコト編集部）、井上英樹（MONKEYWORKS）
校　正　鴎来堂

ISBN978-4-86324-136-7